后浪出版公司

DAS MUSKEL-WORKOUT

Über 100 hocheffiziente Übungen ohne Geräte

德式

你的身体就是最好的健身房

Ingo Froböse

（德）英格・弗洛伯斯 著

王瑜蔚 译

北京联合出版公司
Beijing United Publishing Co.,Ltd.

如何正确高效地训练

1. 确定目标

您应该确定自己的训练目标——减肥、塑身或是增长肌肉——然后按照您选定的模式，坚定不移地进行训练。肌肉必须有针对性地加以刺激训练才会发生改变，如果只是“浅尝辄止”，这对您不会有什么帮助，您也会因为看不到效果而选择放弃。

2. 以整体为中心

不要仅训练单块肌肉（比如肱二头肌或者胸肌）。为了使身材匀称而有力，必须把身体的所有肌肉都锻炼到。因为肌肉是“团队合作者”，它们不喜欢只有其中的几块受到训练。

3. 经常变换练习方式

训练永远不能陷入无聊——您不喜欢无聊，肌肉细胞同样不喜欢。因此变换运动组合和改变运动方法才是王道。只有尝试新的练习方法、让运动的身体位置发生变化、调整训练强度，才能让健身“可持续发展”。训练如果一成不变，不仅无聊，而且无效。

4. 加入休息时间

为了使您的肌肉能够“消化”训练，您需要一定时间。肌肉需要恢复再生，以形成新的组织构造。疲劳的肌肉是很虚弱的。请让您的肌肉定期享受一到两天的休息。

5. 利用你周围的环境

要寻找新的练习，就看看您的周围吧。到处都有机会让您改变练习方式或者提高难度。如果您走在路上，那么就找找树枝做个引体向上，找个不稳的地面来做个俯卧撑，或是在不太陡的斜面上做个仰卧起坐。您会发现，不用器械的锻炼在哪里都可以进行，并且很有意思。

6. 充分喝水

每天，每公斤体重至少要喝 30 毫升水，才能让肌肉细胞得到充分的营养。液体起到带给细胞所有重要的物质及排出废物的重要功能。

7. 利用合成代谢窗口

在练习之后应该让身体在两个小时之内迅速补充“建筑材料”，即蛋白质。在这个“合成代谢的窗口”，身体的蛋白质需求大大提高。除此之外，您每天也应该充分摄入蛋白质，只在训练之后才摄入蛋白质往往不能满足身体一整天的需求量。

8. 不要害怕高强度

当您的身体习惯了某个强度，那么您也可以偶尔挑战一下您的极限，以激活“睡眠中的”肌肉纤维。这会使您很快就变得有力得多，与此同时肌肉却几乎不生长。

肌肉组织的四种适应性反应

	改善肌肉的协调能力	改善局部肌肉的耐力
目标	× 塑身 × 改善肌肉之间的共同运作 × 加强知觉过程 × 加强神经的肌肉控制 × 刺激运动肌肉 × 改善姿态和动作完成	× 快速提高力量 × 提高细胞的供氧量 × 加快细胞新陈代谢 × 扩大肌肉的能量储存
练习内容	× 多样化的动作，运用到多处肌肉 × 复杂的动作	× 有针对性的肌肉训练，灵活收缩 × 单关节或多关节的动作
强度	× 低强度（低于最大力量的 30%）和正确的，有意识地动作。这意味着，当动作做得“不彻底”的话，一系列练习就应该中断	× 最大力量的 30–50%，多次重复，可达 20 次（或更多）

肌肉构成和肌肉增长	提高力量的质量
× 健美 × 增大肌肉块和肌肉横截面（营养过度） × 储存蛋白质 × 产生新的肌肉纤维（组织增生）	× 针对肌肉能力最重要的肌肉纤维的训练 × 提高所利用的肌肉纤维的数量 × 提高肌肉刺激的神经冲动 × 有针对性的白肌纤维训练 × 不增加体重 × 很快达到的健身状态
× 单关节或多关节的动作 × 针对具体的单一肌肉群进行训练	× 高强度的练习，离心收缩的肌肉训练 × 高速跳或高速跑
× 强度为最大力量的 50% × 练习次数：最后一次时将能量完全用完 × 完成“离心”方向的动作时，速度慢一些 × 在练习间歇只休息 30 秒钟。重复 12 至 20 次	× 高强度，爆发性地完成正确动作 × 重复 6 至 10 次，并休息较长时间

致读者

三十多年来，我一直在世界上最大的体育大学——科隆德国体育学院工作。我为此感到骄傲。在那里，我和我的同事为各类人群研究训练课程，不论他们是顶尖运动员、奥林匹克冠军，还是简单的业余田径爱好者和向往运动的人。在这个世界上没有其他任何一所大学能够拥有这么广泛而有效的运动课程。我们成功地破解出很多身体的奥秘，并且使它们能够为您所用。数十年来，我们把肌肉作为研究的中心，因为只有它才是决定最强体能、身体能量消耗以及体重的核心指标。由此，它是我们所研究的一切的基础。肌肉组织不仅仅让我们看上去更漂亮、更健康，它还是人体最重要也最情绪化的器官，因此需要我们给予最好的——忠诚、贡献和爱！没有肌肉我们就无法生存，因此，彻底地探索肌肉组织对我们才至关重要。

我想通过这本书向您介绍肌肉的奥秘、与之相应的基本训练原则和最好的练习方式。我会向您展示很多训练计划，您可以随时随地利用空闲时间进行锻炼。练习时您不需要任何器械，只需要一件世界上最好的“健身器”——您自己的身体。根据您的目标，您可以对全身肌肉都加以精确和有针对性的训练：不管您是想要一副在沙滩上能引人注目的曼妙身材、达到“六块腹肌”、实现“宽十字”身材，还是想要有效地减轻体重。肌肉是真正的变化大师，它可以是饥饿的能量消耗者，也能变成强壮的大块头；它既能塑造快速的短跑选手，也能塑造修长柔软的舞者。所有的这一切都是可能的——我将为您提供相应的训练课程！

这不需要花费很多的时间：只要每周三到四次，每次 20 到 30 分钟，您就能成为“另一个人”——健康、苗条、浑身充满力量。这些训练课程适合各个层次的健身者，而且练习非常有效，很快就能让您体会到成功的感觉。结合我所建议的饮食方案，这些课程就能将您的肌肉化作真正的发动机。而做到这一切并没有看上去那么难。

至于您能够达到什么程度，的确完全取决于您自己。那么请现在就开始吧。这是值得的——现在就看您的了。有了这本书，您就什么都不缺了。您的肌肉会爱上这本书的。

祝您成功!

英格·弗洛伯斯

目 录

第四部分 肌肉需要营养

前 言

您可曾想过，一个简单的水瓶也能成为健身的辅助工具？马路的街沿远远不止是人行道的边缘？利用您自己的体重——或是借助简单的工具——您就可以从头到脚地进行身体训练，像游戏一样简单、有效。而且能随时随地进行锻炼。这怎么可能呢？您可以在本书中了解到：只要花几分钟时间，就能进行多种练习，每一天都适合锻炼，而且这真的很有意思。科隆德国体育学院的英格 · 弗洛伯斯博士将为您带来相关的专家见解。在德国，说到关于运动与健身的科学问题，他可谓是头号人物。请您跟着著名专家学习，真正了解什么样的肌肉锻炼能够使您在日常生活中更强壮有力。

也许您也是这样：我们中的大多数人在写字台前要待上好几个小时。一天的时间被工作任务和约会排得满满当当，很难有时间好好地完成一套完整的健身运动。正因如此，这些练习才如此宝贵：它们可以毫不费力地嵌入日常行程中，从而让我们精力充沛地应付每一天。它以功能训练为基础，这是健身界新的流行趋势，而 Fitness First 健身俱乐部很早就了解到了这一点。

当还只有一小群圈内人了解功能训练的时候，我们 Fitness First 的会员们早就进行有效的无器械健身了。我们的出发点是将功能训练运用在运动小组中。

现在您也跨出这关键的一步吧！这些练习您随时随地都可以进行：无论您此时是坐在办公室的一把椅子上，在公园散步，或是在等您的航班。练习很短的时间后您就会感觉到：您的肌肉变得更有承受力，您的工作效率也提高了。因为您不是锻炼了单独的某块肌肉，而是锻炼了整个肌肉群。练熟了的动作会在日常生活中自行重复，所以锻炼会持续下去——就像当您从椅子上站起，将您的孩子举高，或者挥舞您的吸尘器的时候那样。

调查研究表明：高强度而有间歇的训练对身体有特别强的锻炼效果。如果做一个强度高而简短的练习，例如运动 30 到 40 秒钟，然后休息 15 到 20 秒钟，然后再继续以高强度训练，这样做大约 30 到 40 分钟，其效果与不间断的耐力和器械锻炼的效果是相同的。而且，后续燃烧的效果还要长三倍。无论是“超人式”、“游动眼镜蛇式”还是“弓步前行式”——这里有大量可供选择的健身样式，您一定不会感到无聊的！

祝您练得开心！

史蒂芬·蒂尔克

Fitness First 总经理

第一部分

与肌肉有关的基础知识

每个人都有639块肌肉。从结构、形态、大小、用途来看，它们千差万别。正是肌肉的多样性使我们一方面能够有很大的动作灵活性，另一方面拥有力量、速度和持久的耐力。如果您理解了您的肌肉系统是如何工作的，就能更有针对性更有效地训练它们了。

第一章　肌肉：什么使它们如此珍贵

拉丁文单词“musculus”翻译过来的意思是“小老鼠”。这个可爱的词儿指的就是肌肉，即充满力量的肌纤维束，没有它们我们无法动弹。普通的运动员大约有40% 的肌肉量，根据不同的体重折算约为20 到 30 千克。经过良好的锻炼，肌肉组织重量能够达到个人体重的 65%。这些名副其实的“肌肉块”不仅会让我们看起来身形发达——它们在我们的机体中承担了很多重要的角色，远远超过单纯的运动功能。在大部分情况下它们默默地，却又十分有效地为我们完成以下这些工作：

- × 影响新陈代谢；
- × 消耗营养；
- × 产生热量；
- × 产生化学信息素；
- × 调节大脑功能；
- × 促进免疫力；
- × 保护内脏器官。

人体有六百多块肌肉。它们在大小、形态和纤维结构上各不相同。有些肌肉特别长，比如大腿上的缝匠肌（拉丁文为Musculus sartorlus），它的长度能够达到40厘米。

特别宽的肌肉有背上的背阔肌，而我们的臀部肌肉，臀大肌，则强壮饱满。我们最小的肌肉比一毫米还要短，它在我们的内耳中，叫做镫骨肌。

1.1 复杂的共同运作

这些肌肉能够使大约220块人体骨骼的关节组织活动起来。

为了实现这一功能，肌肉由长而舒展的、纤维样的肌肉细胞组成。这种组织被称为肌肉纤维，它们可以一起拉伸，使动作得以完成，产生力量。而所谓的肌肉收缩是由直达肌肉中的神经系统的神经冲动所引起的。

我们绝不能把这些肌肉看做是独立或相互分离的，相反，每一块肌肉总是和其他在一个肌群中的肌肉共同行动：即肌肉通过连接它们的软组织——结缔组织对和它们相连的骨头、关节进行按压或者拉伸。肌肉拉伸肌腱，肌腱又再拉伸附着于其上的骨头，就产生了动作。

动作协调进行的时候，很多肌肉都参与在其中，它们绷紧或放松，都必须精确地相互配合。就像一张地图，肌肉——结缔组织系统的线路穿过整个身体，使我们能够做全身运动，从而吸收并释放力量，使身体各个部分之间的交流毫无障碍地、安静而流畅地进行。所以，肌肉不仅是“动作者”，它们与所有的“联军”一起保证了我们身体的机能和舒适度。没有肌肉和结缔组织，就没有动作、没有活力，也就不消耗脂肪了，因为肌肉是我们最大的新陈代谢器官。接下来我们简短地介绍一下这种代谢功能。因为您也许是不仅想要训练肌肉，还想要减肥的读者。这两者是紧密相连的，您马上就会看到这一点。

小贴士：

您的身体是最好的训练器械

- 利用自己的身体进行训练，这是每个人都可以做到的——无论初学者、有经验的练习者，还是一流的运动员。
- 这些练习几分钟内就起效——可随时随地进行。
- 每一个利用自身体重、“徒手”进行运动的训练单元都高效并且极其简单。因为与其他相当普遍的练习不同，这些练习不是训练某块单独的肌肉，而是同时训练多块肌肉。
- 功能训练：您理想健身的保证！

1.2 肌肉：我们新陈代谢的发动机

平均每 30 千克肌肉在静止的状态下每天消耗 1 500 卡路里，即使您什么都不做。一年下来您的肌肉组织能消耗大约 550 000 卡路里。这些热量大约能与吃下 80 千克的纯脂肪所产生的热量相等，而这还仅仅是在静止状态。如果您在积极的运动中，很轻易就能达到这个量的两倍。肌肉是我们身体中最大的消耗热量的马达，它是最大的新陈代谢器官。

这也说明，没有肌肉、不训练肌肉，您不可能长期减肥。肌肉是一个理想的减肥发动机，因为肌肉一天 24 小时都在消耗能量——甚至在静止状态下也是如此。如果想让体重持续减下去，您就得开启这台减肥发动机。为此您应该像调试一台马达一样调试您的肌肉，加大您虚拟的排量和马力。您也知道，汽车使用大排量和大马力也就要明显消耗更多的汽油——能量。

这正是您可以利用的地方。而拥有更多的肌肉——您只有通过有规律的、集中的训练才能够达到。

减肥的排量和马达

为了使您在新陈代谢中燃烧更多的能量，您就得加大您肌肉的排量。而这您可以通过有针对性的肌肉训练来达到，特别是对那些大的肌肉群，如腿、臀部、躯干进行训练。

而为了让肌肉生长，富含蛋白质，成为消耗能量的“大户”，就要加以正确的训练刺激。最好是进行大运动量的训练。因为当肌肉在努力工作时，生长得特别快，也就特别能加大排量。这您一定了解，因为这样肌肉才能真正地“燃烧”。燃烧肌肉，才能加大排量。

新陈代谢的“发动机”

您在提高肌肉耐力时也应该增加受训练肌肉的肌内纤维的数量，这能使您的肌肉拥有更大的马力。对此，您最好选择利用体重训练的健身方法。您可以通过高强度、快速的动作来提高每一个肌肉细胞中“发电站”的数量。这样每个细胞会消耗更多的能量。排气量和马力这两者是紧密相连、互不可分的。如果您想减轻体重，那么您就利用这一点，把您的肌肉化作一个“新陈代谢 – 发动机”。您找不到比这更好、更容易的减肥方法了——而且矫健紧绷的肌肉看起来也很漂亮。

1.3 肌肉生长少不了卡路里

反过来，必须要了解的是：要是想增长肌肉，就不能缺卡路里！而要想减轻体重，就必须少摄入热量。卡路里摄入与支出是正增长还是负增长，对肌肉生长或消耗都起着重要的作用。这往往比短时期内是否正确摄取蛋白质、脂肪和碳水化合物重要得多。如果您摄入的卡路里过少的话，也可以暂时迅速地增长肌肉。如果同时加强摄入碳水化合物的话，即使缺乏卡路里也同样会达到合成代谢（蛋白质增加）的效果。

保持组织结构

但长期缺乏卡路里就会出现偏差，因为机体会回过头来消耗肌肉以平衡它所缺少的卡路里，这会消减肌肉组织，虽然您的本意是想要保持或增长肌肉。科学家把这种现象称为分解代谢，即蛋白质消减的过程。

肌肉需要能量

也就是说，如果您想要减轻体重，那么您最多可以承受四到六周的卡路里缺失——人体的基础代谢率显示了这一下限。

而如果想增长肌肉的话，就得在人体基础代谢每天的卡路里需求之上再增加300到400卡路里。

1.4　减轻体重变苗条

想要减轻体重，只有一条路可走——减少摄入卡路里，这才能让那些“囤积”在肚子和臀部像游泳圈和软垫似的令人讨厌的脂肪消失不见。但在另一方面，吃还是必须得吃——只有这样才不会让减肥反弹。通过暂时减少卡路里来减肥，长期来看会导致体重增加。

肌肉使人苗条

要从这一矛盾中解脱出来，您只能借助于肌肉的帮助，把肌肉变成“全天候脂肪燃烧机”。对于减肥，重要的是肌肉和它的工作能力，而不是减少摄入卡路里！

因为肌肉把您的身体变成了一辆“赛车”，一天24小时都在消耗“汽油”，即使发动机在空转——您在沙发上偷懒时，甚至晚上您睡觉时都是如此。

这样就行：

1. 增长肌肉块，让您的身体发动机有更多的燃炉（线粒体）。每日能量消耗的需求会因此增加。
2. 加强您的肌肉耐力，并以此提高细胞中的燃炉数量，加强区域性的新陈代谢。
3. 利用自己的体重进行肌肉训练，有规律地每周补充两到三次短时间耐力练习单元，每次30到45分钟。
4. 您要吃得符合生物学规律。意思是：一天吃三顿，同时晚上完全放弃碳水化合物。也就是说最好像这样：

× 早餐：富含碳水化合物；

× 午餐：富含维生素；

× 晚餐：富含蛋白质；

5. 不要吃餐间点心！这也包括休息时的“甜味汽水”或者美味的奶咖。

6. 需要吃足量的食物，它们产生的热量要至少能够满足所有重要的生命功能。您可以按以下公式换算您的基本新陈代谢量：

× 女性：0.9×体重值×24＝基本代谢量（kg）；

× 男性：1.0×体重值×24＝基本代谢量（kg）。

然后在体重值处填入您的“正常体重指数”（身高厘米数减去100的数）。

第二章　肌肉和肌肉纤维

肌肉不仅仅是肌肉，作为科学家，我首先要让您区分平滑的肌肉组织和横条纹肌理的肌肉组织：平滑的肌肉，比如心脏或肠道上的肌肉，这些我们都无法有意识地加以控制，因为它们对我们的生命来说是不可或缺的，它们在自动地工作。而横纹肌的肌肉构造却看起来不一样：这是我们骨骼上的肌肉，我们用它们举重物、走很远的路、快速地奔跑，或者完成精细的手工。我们可以影响这些肌肉——也可以用我们自身的体重来锻炼它们。

为了让我们能用它们做出不同的动作，这些横纹骨骼肌由很多不同的肌纤维组成：红色的、白色的还有中间肌纤维。每种肌纤维的比例不相同，这主要是由我们的遗传类型所决定的：它们只在小范围内，通过有针对性的训练才会受到影响。这的确就像谚语所说的“耕田的劣马生不出赛马来”。相应地，一个耐力田径运动员无论如何也不会变成一个大力士。不过信息小贴士：

肌肉类型

我们根据肌肉的不同形状将它们分成不同的类型。其类型是由它们的解剖学构造，即它们的形状构造和纤维分布来决定的。据此，我们将其分类为：

× 纺锤形的肌肉，如上臂的肱二头肌或者肱三头肌；

× 三头的肌肉，如肩关节的三角肌；

× 参差不齐的肌肉，如躯干上的锯肌；

× 羽毛状分布的肌肉，如大腿上的股四头肌；

× 多部分组成的肌肉，如腹肌。

羽毛状分布的肌肉由很多小一些的肌肉纤维组成，这些肌肉纤维都连接在同一个肌腱上。通过这样的构造，只需要很小的地方就可以发挥出很大的力量。纺锤形的肌肉能够有很大的活动空间，并且能够收缩得很短。

肌肉上大多都附有很多神经和血管。前者传递神经冲动，而后者则提供必要的氧气和营养。一般来说每根单独的神经都伴随着一根动脉和一根静脉，并且通过结缔组织膜进入肌肉。在那里，血管再分为最细小的迷你血管组成的网络，即毛细血管，它将每一根纤维像蜘蛛网一样编织起来。肌肉的主要成分其实就是纤维。

即使在有限的条件下，二者也能通过针对性的锻炼及摄入合适的营养来塑造出最好的自己。

为了让您练习的时候知道您的肌肉发生了什么、为什么要这样练习，我们先来仔细看看以下肌肉的构造和不同的肌肉类型。

2.1 白肌纤维负责速度

在显微镜下可以看到粗大的白色的肌纤维。它们能够产生巨大的力量，不过只能维持很短的时间。您去赶公交车或将一个新柜子拖回家时，您就激活了白肌纤维。瞬间反应也同样如此，比如要抓住一个向下坠落的玻璃杯子，或是要平衡防止绊倒。因为白肌纤维的血液流通不顺畅——所以会呈现白的颜色——也正因为如此，它营养供应不足，要比红肌纤维更快地感到疲劳。

要想在日常生活中，在休闲时光或是在运动中有更高的承受力，就必须彻底锻炼这些白肌纤维。因为它们要有更好的成绩，就要变得更加粗大。您可以有意识地给您的肌肉增加高强度的负重，直到您感觉到“燃烧的疼痛”为止。这样就可以达到增强白肌纤维的目的。

强有力的肌肉张力会阻碍血液循环，肌肉蛋白组织上会出现微小的、显微镜下才能看见的裂缝。当您的肌体修复这些裂缝的时候——它主要在夜间修复——它会多产生几个蛋白质分子，以使肌肉在将来受力时有更好的装备。这种蛋白质分子的增加就是肌肉的生长，这就是我们想通过有针对性的训练所达到的。

当然，这种生长要过几个星期才能真正看得出来，不过在肌肉内部却已经发生了很多变化。

特别当您最大限度地锻炼这些白肌纤维的时候，您的肌肉很快就会变成“顶级运动员”。白肌纤维需要并且热爱高强度的挑战。轻微的体力工作，白肌纤维根本就不参与——它让其他的纤维工作，自己则继续休眠。

那么就用高负荷和快速运动来唤醒您的白色健身运动员吧。您的肌肉会像启动了超级发动机的汽车。因为更多、更活跃的白肌纤维也就意味着更多的肌肉马力。

2.2　红肌纤维决定耐力

红肌纤维则完全相反：它们很小，供血通畅，因此也就始终都有充足的营养

肌肉的力量储藏室：一块肌肉当中有超过 2 亿个肌小节为您工作

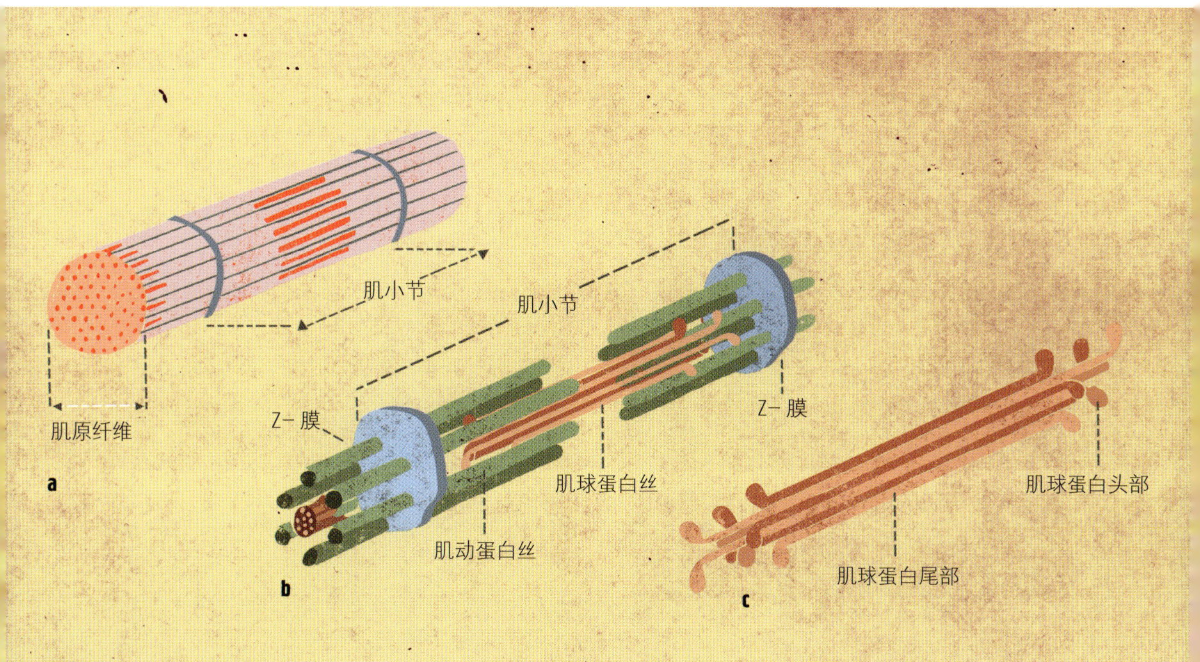

a 肌原纤维
b 肌小节的放大图
c 肌球蛋白丝

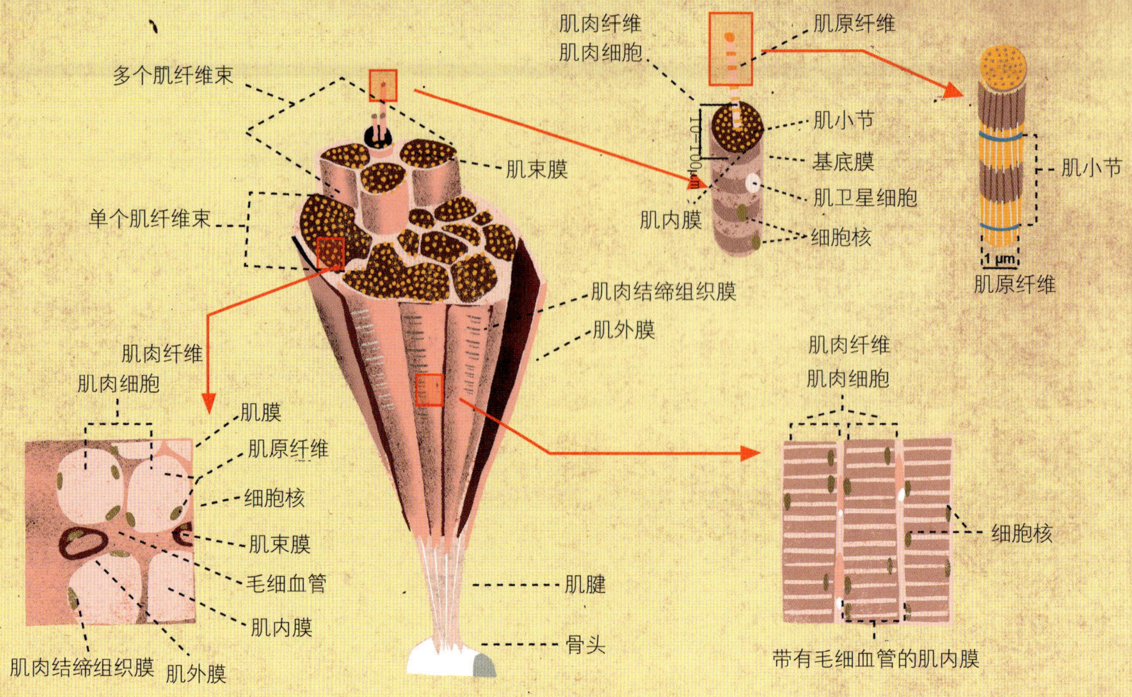

肌肉不仅仅就是肌肉：骨骼肌横截面的构造

供给，因此它们要很久才会感到疲惫，特别适合精细、持久的工作，比如书写、编织，或者其他不需要花大力气的工作。因为红肌纤维既不能产生较大的力量，也无法快速反应，它们收缩缓慢，因此也叫做“慢转换纤维”。听上去它们似乎有点“呆滞”，但实际上，我们运用这些肌肉完成日常生活的大部分工作。只要它们得到充足的氧气，就可以出色地长期工作，通过有针对性的训练，您可以改善大肌肉群的协调性和持久力，特别是改善腿部和躯干部位的肌肉。当红肌纤维得到更好的营养和氧气供给时，它们会疲劳得更慢。这只有当肌肉张力不是特别高的时候才行得通，因为这些肌纤维时刻都需要血液循环

信息小贴士：

肌肉纤维会变化

肌肉的纤维类型不是一成不变的。经过大量的训练和静止不动，肌肉的纤维结构会十分不同。

特别是中间肌纤维，它从生理学上来看与白肌纤维接近，它能够迅速地根据训练和刺激变为白肌纤维或红肌纤维。

和充足的氧气供给。您可以通过低强度反复多次的练习来达到目的，而这会消耗大量能量——这是耐力训练的一个相当不错的副作用：体重会减轻（只要您吃得不比以前多）。

2.3　中间肌纤维

中间肌纤维融合了两种主要肌纤维各自的特点。中间肌纤维比白肌纤维更有耐力，因为它们内部有更多的线粒体——这是细胞中的微型发电厂，能为身体的所有生长过程提供能量。另一方面，它们比“慢性子”的红肌纤维能产生更多的力量。因此这些纤维既可受到“轻微力量”训练的影响，也适合一些高强度的训练。在针对它们的练习中，我推荐进行“中等难度”负荷量的训练，并重复 10 到 12 遍。

2.4　肌肉内部发生了什么

每根肌肉纤维最多能包含大概 1000 个肌原纤维，肌原纤维是由肌动蛋白、肌球蛋白以及其他蛋白质共同组成的。在这里您可以清楚地看出蛋白质对于肌肉组成的特殊意义——它使得肌肉能够伸缩。每次收缩的时候，肌动蛋白和肌球蛋白就滑动到一起，使肌肉收缩并产生力量。这些肌肉纤维的每一端都是固定的。从这个固定点出发，可以协调一致毫无障碍地进行拉伸。在固定点之间的，就是肌肉纤维最小的组成单位，被称为肌小节。也就是说，这些肌小节就是肌肉的“能量舱”：那里将产生力量，而这也正是我们要训练并产生效果的地方。

让我们看看一个平均长度为 10 厘米的肌肉纤维。那里有大约 40000 个这样微小的肌小节，它们竖着，一个接一个间隔地排列，并且在每做一个俯卧撑或是屈膝下蹲的时候互相缩进收紧。平均每块普通的肌肉里有 20 亿个肌小节，它们都在为您工作。

信息小贴士：

肌肉卫星细胞——训练后备军

卫星细胞是能够变成肌肉细胞的普通细胞。它们是所谓的“肌肉级别”的干细胞。它们是肌肉组织的“急救细胞”，当肌肉必须被修复时，它们是必需的，还有当肌肉增长需要提高细胞量时，它们也是必需的。这些细胞一般“沉睡”在活跃的肌肉纤维之间。据猜测，在因肌肉训练导致结缔组织受损时，这些卫星细胞会分解来替代或填充“受伤”的纤维及组织。确实，这些细胞在肌肉增长训练时能起到特别重要的作用，因为它们提高了肌肉中细胞的数量储备，这样肌肉就能增长。

2.5 被低估的肌膜

一块骨骼肌也包含大量结缔组织。肌膜，即肌肉的结缔组织构成的保护膜，它起到积极的“力量传递者”和身体“通讯员”的重要作用，而这种作用直到现在还是远远被人忽视的。

力量传递者

“肌肉结缔组织系统”不仅对将肌肉纤维束连接和维系在一起必不可少，它还能传递力量，使您能够正确完成动作。因此现代科学认为，肌肉与“肌膜结构”一同控制和确定了力量和力量的效果。

从实践上来说，您不必关心这些肌膜，只要它们完好无损就行，您训练的时候自然会刺激到它们。当您训练的时候，不仅强健了肌肉组织，整个身体的稳定性都得到了加强。特别是当您进行综合性整体练习时，会激活这些肌膜结构。它们一般会在“固定”的轨迹中活动，或按照人体的组织结构线路活动。有的轨迹真的是从头延伸到脚。正是出于这个原因，您应该始终整体而“全方位”地锻炼肌肉。事实上，借助自己的体重，不用器械来进行锻炼，是最有效的方法。

活跃的身体结构

科学家罗伯特·史莱普博士甚至更进一步描述说，肌膜是活性的组织结构，并且会自己收缩。当然，这就更加提升了它在增加力量和健身上的重要性。我们应该从头到脚进行全身训练，而不只是针对单独的肌群。因此，选择真正有效的训练方法至关重要。

如果肌膜发生了问题

肌膜与肌肉如此紧密相连，医学上把肌膜产生的问题称为“肌膜炎”，肌膜炎在运动中或高强度的训练后经常会发生。因为肌膜连接着每个单独的肌肉纤维，也连接着整个肌群，因此它们不仅控制着肌肉的功能，也决定了肌肉与肌肉之间的协调作用。如果肌膜系统不工作了，那么运动员就会在相应的部位感到巨大的疼痛，而且其他很多关节也会感到疼痛。此外，肌肉纤维对受伤非常敏感，它们的灵活度在大多数情况下会明显地受到限制，结果会导致我们使不出力气，或自身感觉紊乱。这些炎症经常发生在骨头附近，因为在那里，肌膜渐渐向骨头过渡，肌张力反常现象的感觉更加明显。

正确治疗

当出现问题的时候，您最好向在肌膜炎治疗方面有经验的理疗师寻求帮助。您可以问他是否按照所谓的“肌膜畸变模式”治疗——这是一种科学上得到广泛承认的模式。要预防就要在训练时始终想到肌膜，并且加以大量的灵活度练习，使得肌膜真的听从它们的“老板”，即肌肉组织的领导。

第二部分

关于肌肉训练的一切

柔软的肌肉、耐久的肌肉、优雅的肌肉、厚实的肌肉——您的肌肉组织可以有非常不同的个性。它们是怎么样的，由您来决定！您可以决定您的肌肉变得更强壮抑或变得更大块。因为肌肉组织要练出理想的力量，并不就意味着看上去要像个健美的运动员。就让您来发现这些能够影响您肌肉的因素，了解正确的训练强度有多重要吧。结合我们对重复次数、休息时间和训练组数的原则，您一定能够将肌肉训练成适合您、如您所希望的那样。

第三章　肌肉训练的四种途径

肌肉是真正的变化大师。根据我们训练方式的不同，它们的外表和工作能力会改变。它们可以是高耸的，可以是苗条而低调的，可以是很有耐力、协调的，也可以是无比强壮的。而如果我们不使用它们，那么它们可能甚至完全消失——这肯定是最糟糕的下场。

经过针对性的训练，我们的肌肉能达到四种不同的适应性和反应结果，就像您在后面一览表的内页中看到的那样。不管您有什么样的目的，都可以选用相应的方法——肌肉很快就会像您想要的那样生长。

3.1　提高肌肉的协调能力

要想提高肌肉的协调性，就需要肌肉之间的共同运作、顺利配合——像一个舞者那样。以此为目的的训练就要将重点放在提高肌肉之间的协作之上。因为只有肌肉群在发力和行动时间上协调运作，您才能举起一个哑铃，用手拿一个杯子或是鸡蛋，从最后一级台阶上跳下来轻轻着地。在所有动作中，肌肉群都要互相配合，才能将每个单独肌肉的力量合在一起完成一个流畅而和谐的动作——正如我们看到的舞者们，不需要用很大的力气，就能完成大的跳跃和很棒的动作。肌肉协调性好的话能够助节省能量，只消耗真正需要的能量。

协调出色的肌肉不仅看上去漂亮，动作效率也高。而您可以通过所有的稳定性练习或整体练习来达到改善肌肉协调性的目的（见核心肌群训练）。

改善新陈代谢

通过多次重复练习，肌肉的细胞新陈代谢就会得到改善，能量消耗也会持续提高。这不仅对于健身和提高肌肉能力有益，也是减轻体重的一个重要前提。因为只有当细胞及其电站（线粒体）得到了能量，才能在消耗碳水化合物（糖分和淀粉）之后消耗脂肪。因此良好的肌肉耐久力是新陈代谢和能量消耗的一个重要前提。

局部的肌肉耐力训练可以通过单关节或多关节练习来进行，如锻炼手臂或腿部。重要的是运动负荷量以及尽可能多地重复练习。

3.2 加强区域性肌肉的耐久力

长时间地承举沉重的物品，骑自行车用最高的车挡快速爬上一座山，或长时间地笔直站立，都是以您的肌肉能够耐久为前提的。肌肉的供血越通畅，新陈代谢的过程发生得就越快，您的肌肉也就越有效率越有耐力。而这是不能通过慢跑或其他耐力运动达到的。您要提高您的肌肉的能量潜力，只能通过有针对性的肌肉耐久力训练。因为只有这样，您才能直接激活每一个单独的肌肉细胞，连通肌肉中的新血管。

小贴士：

肌肉动力

肌肉大约占人体体重的40%，并且能够提供每磅90瓦特的动力。由此，每个人利用全身的肌肉能够爆发出超过5000瓦特的能量（也就是超过七匹马力）——虽然只是很短的时间，但毕竟可以！在当肌肉想要阻止长度增加，并且主动地最大限度抵抗拉伸时产生的力量是最大的。例如：当您在引体向上时再拉紧手臂之后用很慢的速度伸展手臂。这种形式的收缩最大限度地利用了肌肉的潜力。

3.3 肌肉增长

肌肉发达的身体看上去如此漂亮，真是令人羡慕。其实拥有这样一副身躯也不难：只要选择正确的训练方法。我们就拿“肌肉增长的国王们”——健美运动员们为例。当然这么极端既不是必需的，也不应该，不过我们还是可以从他们那里学到些东西。因为有一点这些运动员们一定知道：怎么样才能最快最有效地让肌肉增长。

要使肌肉增长，有一个重要的基本原则：肌肉必须要充分负重！这就是说，肌肉只有在经过练习之后感到疲劳时，才会受到刺激而生长。在一系列的重复动作中，一定要产生明显的肌肉在“燃烧”的感觉。这种感觉就与您快速地登上四到五层楼梯有些相似。这种燃烧的感觉才会给机体明确的信号，要在肌肉中储存更多的蛋白质作为最重要的生长原材料。而蛋白质的增加就会带来我们所希望的肌肉生长。

但是，肌肉的恢复（所谓离心的）收缩，比如下沉臀部、屈膝，或是在做俯卧撑时弯曲肘部，应该缓慢而集中注意力。或者您练习比较难做的加强运动，比如反向卷腹。这样的动作只要重复几遍，肌肉就会很疲劳了。因为通过这些动作，细胞增长也会通过卫星细胞受到刺激。这样除了额外储存蛋白质，也能够促进肌肉的新纤维的增长。

信息小贴士：

一个练习的不同动作阶段

每个练习基本上都由两个动作阶段组成：克服阶段和恢复阶段。它们也被称为向心和离心运动。在向心阶段——比如在您做俯卧撑抬起的时候——您克服由您自身体重所造成的阻力。在离心阶段，您顺从重力——在俯卧撑时您将身体向地面下沉下去。正是在离心阶段，您必须要慢慢地控制好力度进行动作，不能利用重力的加速力量。

3.4 高效地提高力量

您知道吗，您完全没有正确利用您肌肉的潜力。您可以从肌肉中获取更多的力量！一般情况下，我们只运用了60% 的肌肉纤维。其他的肌肉纤维我们从来不使用，因此留有大量余力。所以好好利用肌肉纤维吧。因为这样肌肉不会增长而肌肉能力会得到极大的提高。重量级拳手、摔跤运动员或柔道运动员都知道，这是最好的办法，不会增加体重，同时又会获得高效能的肌肉。这种训练方式的秘密在于，主要负责负重或快速运动的白肌纤维得到了有针对性的训练。在前三种肌肉生长方式中，它们

您现在明白了：肌肉训练不仅仅是肌肉训练。您要选择您想要达到的目标，然后挑选出您需要的练习，请您从第 130 页开始的训练综合单元中选择一种来练习吧。

只是有限地涉及到，因为它们需要最大量的负重。通过这样的训练，您加强了神经—肌肉的协作和刺激，那么“沉睡”的粗大的肌肉纤维就能被唤醒。它们被利用后会用非常强壮和高效能的肌肉来回报您。在我们的训练中，这种高强度训练就能带来这种效果。在整个身体力量全部放空（预疲劳）之后紧接着再进行特殊的训练，比如腿部或者腹部训练。通过这样的训练，您的肌肉会变成真正的顶尖运动员那样。它们会保持优美修长、轮廓清晰的形状，就算是古代雕塑也不会比这更完美了。如果您只想要适合的肌肉而不允许体重增加——也就是说您只想变得矫健有活力，这种训练对您而言是最好的。请找出那些让您达到肌肉极限的练习吧，您的肌肉很快就会变成一级方程式赛车一样有力。

小知识：

训练基础

重复是指多次完成某一个练习。高强度的练习只需要很少的重复次数，有时候甚至只需要完成一次。“系列”或“组”是用来指某个数量的重复次数。在一个练习的多组动作中您应该注意休息，然后再继续练习。

3.5 强度——训练量决定成功

肌肉纤维有两种不同的主要反应机制。分别是对动作速度和强度的反应。不过不是每一种练习您都可以随心所欲进行，您不能使用所有的白肌纤维进行训练。因此，强度是调适训练最重要的因素。如果练习强度非常大，您达到了自己的极限，那么更多的肌肉纤维就被激活了。因此您应该做这样的尝试：如果您想提高肌肉性能，您就不用管练习频率有多高，而应当选择“高强度训练”的方法。这样您的肌肉会有极大的负担。您不仅训练到了红肌纤维，更训练了白肌纤维，甚至训练到了最粗大、最有力的纤维：那些无氧运动中的纤维——这种纤维您只有在进行最大强度的训练时，才能锻炼到。不过这是值得的，因为正是这种特殊的白肌纤维让您的肌肉真正地有力和高效。而锻炼它们不会持续增加肌肉的体积。

理想的训练

您的肌肉训练应该具备以下特点，它应该是：

- 广泛的：这是说，尽可能多地做能够运动到所有肌肉的徒手动作。
- 协调的：训练所有涉及关节的肌肉，并使该关节的肌肉运动协调自如。

- 燃烧的：如果您想长肌肉，就让它们燃烧起来。
- 高强度的：如果您想要的是田径运动员式的修长的肌肉，您应该采用大负荷量的训练，重复次数少。
- 灵敏的：通过有规律的、富于变化的练习来获得肌肉的灵敏度。
- 扭转的：您不仅要做一个单关节的动作，在练习中要进行多种扭转，并且和其他不同的动作组合起来。

最好能够通过一个变化多样的、包括多个肌肉群的训练来达到目标，并且还要始终与您的能力提高相适应。

大运动量的训练

如果您想在尽可能短的时间内以增长肌肉量为目的训练，您应该按照以下的方案来进行：

- 每个练习 4—6 组；
- 系列 1—3：重复 20 次；
- 系列 4—6：重复 15 次；
- 每组之间只休息 30 秒钟。

每个动作您选择的负荷量要大到肌肉确实感到完全疲劳为止。同时，缓慢的动作更好——特别是在恢复动作阶段。

一个很好的例子是：用正常的速度下蹲，然后再非常缓慢地向上站起。

运用预疲劳规律成功得更快

要想进行高强度的训练，就用“预疲劳”规律来进行练习。这可以导致肌肉的迅速增长。您可以用练习作为开始。之后再接着做针对具体肌肉的训练（比如俯卧撑）。

将身体塑形成运动员的体形

为避免厚厚的肌肉块，最好用高强度然而重复次数不多的训练方式。

按照这一训练模式，您的肌肉在几个星期之后就会生长并且看起来有明显的轮廓：

- 每次训练只做 1—3 组；
- 第一组：重复 10 次；
- 第二组：重复 8 次；
- 第三组：重复 6 次；
- 每组之间休息一分钟。

所有的动作您都可以快速完成，但要到位。同时您要“爆发般”地完成“向心的”肌肉收缩，比如说下蹲后站起来，或俯卧撑时将手臂伸直撑起。

您选择的练习每一个都必须是非常

辛苦的，您得在练习的时候达到自己的极限。

3.6 肌肉训练也需要休息

训练当然是很重要的！但是如果不正确休息或者不让肌肉得到足够的再生更新时间，就绝不能从训练中获益。因为对肌肉来说，正确的休息将带来成功，休息的时间不能太长，但也不能太短。

避免过分劳累

谁要是训练得太频繁，并且总是训练同一块肌肉，那么就不可能让肌肉有机会休息，也就不可能完成训练目标，更不可能变得更强壮。相反，练得太多，就会持续性地损伤肌肉。因为“破坏”的组织不能完全修复，肌肉也就失去了健康，所以掌握肌肉训练的分寸也十分重要。

信息小贴士：

休息时间

在以下的训练后，肌肉分别需要这么长的新陈代谢时间：

× 协调性训练：24 到 36 小时。

× 肌肉力量持久力训练：36 到 48 小时。

× 肌肉增长 / 增生：48 到 72 小时。

× 肌肉健美：72 到 84 个小时。

3.7 聪明地训练

对于比较低负荷量的训练，您几乎可以每天进行，特别是如果您在训练的时候注意更换所练习的肌群的话。比如说您第一天训练肱二头肌，第二天训练肱三头肌，这是毫无问题的。

要是您进行大负荷量的肌肉增长训练，或者是特殊的针对白肌纤维的训练，就完全不一样了。那样的话建议对每个肌肉群每周最多进行 2 到 3 次训练，然后您必须更换锻炼的肌肉群，或者最好更换整个身体部位。

对此我们建议按下列顺序轮换进行塑形。

1. 大腿上部和下部；
2. 臀部、腹部和背部；
3. 手臂和肩膀；
4. 整个身体的稳定性训练。

这四个训练大块您可以在一个星期内毫无问题地轮换进行。很快，您会看到您的身体变得有力而且苗条。您可以将您的训练计划组合起来，使您的肌肉可以接受您的训练刺激从而很好地增长。休息是需要的，在肌肉训练中也是如此。

3.8 小心过量：当肌肉开始疼痛时

肌肉会感到疼痛，特别是当我们训练过多的时候。肌肉酸痛是大家最熟悉的，不过这肯定是无害的。要想把肌肉受伤与普通的、与负荷量成正比的积极的肌肉反应区分开来，是很困难的。因为两者非常相像，辨认受伤的界限很难。但普通的过量负荷反应在三天后就应该感觉不到了。

肌肉酸痛

肌肉酸痛大家都很熟悉，大家都经历过。即使顶尖运动员也经历过。不过肌肉酸痛是怎么来的呢？在高强度的训练时，因为结缔组织受力过大，经常会在肌肉组织中产生微小的裂缝。“受损伤”的组织不会马上疼痛，而是等到免疫系统、修复机制开始工作以后，才会开始产生最轻微的炎症。这时，受伤组织开始充水，细胞扩张，吞噬细胞开始活跃，血流量升高，血液将运输新的材料来进行肌体修复。这一切都发生在训练之后的18到24小时内。因此我们之前什么也感觉不到。整个修复过程会持续约2到3天，而修复之后的机体甚至比之前更加强壮。

把“治疗肌肉酸痛最好的方法是紧接着第二天以相同的运动量再来一遍”的建议忘记吧！

肌肉硬化和肌肉拉伤

区域性的疼痛和肌肉收缩、活动受限是肌肉硬化或肌肉拉伤的特征。这两种情况都是肌肉紧张度，即肌肉张力增加的表现。肌肉硬化比较特殊的地方在于，过度张力不会在训练中或训练之后立即出现，而往往要延迟至训练24小时之后，而拉伤则几乎总是马上就能感觉到。不过拉伤和硬化有个共同点，即细小的裂缝都会造成肌肉结构的变化。而免疫系统对此的回应，就是发炎。受损的肌肉细胞因此死去，被新的细胞所取代。

从肌肉硬化到肌肉拉伤的过渡几乎是自动发生的。大多数情况下，是疲劳或者错误的神经冲动导致了这一过程，在3至5天之后，障碍被排出，肌肉又变得有力了。运动的暂停是不必要的。

肌肉纤维撕裂

而肌肉纤维被撕裂则相反，撕裂就意味着完全破坏了肌肉纤维。肌肉纤维撕裂的原因几乎总是超负荷量地拉伸肌肉。在血管受损时往往也伴随着出血，涉及的部位就会感到疼痛。在肌纤维撕裂之后应该有两个星期的训练停顿。从受伤之后的第二个星期开始，可以进行一些轻松的跑步训练。不过大负荷量的肌肉训练还是要在三个或是四个星期之后再进行。

肌肉撕裂

我经常看到年轻的“猛士”过量训练造成上臂的肱二头肌撕裂甚至断裂。肌肉细胞弯曲撕裂，或在肌腱根部断裂，都需要彻底的治疗，并且很多情况下都无法避免手术和长时间的休息。

第三部分

练　习

虽然阅读能让您变得更聪明，但不会让您变得更矫健。因此现在就来看看理论说明的实践运用吧：您现在已经知道您的肌肉是怎样运作的，也知道您能怎样影响它们。希望您已经为您的肌肉发展设立了一个目标，至少思想上已经有了一块基石。现在请为接下来变化多样的训练而感到高兴吧，您可以完全根据自己的喜好设置训练——根据您设定的目标而进行运动。或者您可以从相应的训练单元中根据您的需要选择一种运动方式。重要的仅仅是：积极动起来，马上就开始——最好现在就开始！

第四章　您是自己的个人教练

现在可以开始啦！您看一看我的健身方法，挑出自己想做的吧。有几个练习您肯定知道，因为它们是“经典”的，而有些练习对您来说一定是新鲜的。不过您得敢于尝试它们，因为这样您的身体可以得到全面的锻炼——同时也有更多可以作为调剂的花样。

我把整个动作的过程从开始的起式到结束的收式都描写得很容易操作。至于您重复几次、做几组练习则由您自己决定，因为这取决于您自己的训练目的。请您参考我针对四个不同的肌肉适应反应所推荐的方法。因为您想要厚厚的肌肉块还是修长的田径运动员式的肌肉，就是由您选择的训练方法所决定的。此外，从第 130 页起，我整合了几套针对不同目的（锻炼或减肥）的训练项目单元，以方便读者搜索。最后还有全部练习的索引。

训练自己的身体可以如此简单美妙，同时又无比高效。您训练的时候不需要特别的器械，因为您自己的身体就是最好的训练器械。如果您在传统的健身房用器械训练而不是“徒手”训练，那么您大多数情况下是孤立地训练了单块的肌肉，并且会限制动作的轨迹。如果这样，您也许能够在器械上局部地、有限并有针对性地锻炼单独的某些肌肉，但是这与自然状态下的肌肉负荷完全不同。因为身体，尤其是肌肉，一般情况下都是“自由”工作的，没有一台机器能够模拟人体。

而用自己的身体进行锻炼是完全不一样的。这不会单独限制肌肉，大多数情况下，很多肌肉都同时积极地工作。因为其基本前提在于，您总是从一个“平稳”的身体重心出发训练肌肉，就像在自然状态中一样有实际的意义。

人体肌肉总是在一条“链子”上一起运作的，也就是说绝不可能单独运作，运用我的练习方法，您能保证将整个身体都得到理想的锻炼。

4.1　用多变的练习来应对单调

我的练习方法为您提供丰富多样的变化和肌肉负重的多种可能性，能够让您有针对性并高效地控制每一块肌肉以及它的“肌肉伙伴”。练习方法十分丰富灵活，您甚至可以自己决定是否减轻或加强难度。您随时都可以调整以下基本内容：

- 将动作的范围缩小或延伸；
- 加强或减弱某个身体部位的杠杆效应；
- 改变某个练习的重复次数或练习组数；
- 改变动作的速度；
- 决定一个阶段疲惫之后是用其他动作调节，还是完全休整之后重新开始；
- 缩短或延长休息的时间，或在系列练习当中插入休息时间；
- 在不稳定的地面（例如充气垫）上完成练习；
- 练习时只用一条腿或一条手臂来完成。

不过您绝对不要忘记一定要按照正确的动作完成练习！匆忙、突然的动作经常不能达到预期的效果，甚至可能导致损伤。而缓慢的有意识的动作对肌肉来说是最好的锻炼。当您在练习一段时间之后会觉得动作变容易了，因为您掌握得好了。这时就可以提高该动作的难度：您可以多做几组动作或者换做一个更难一些的同类动作。

这样您可以正确变化练习

传统的俯卧撑是一种基本练习，能锻炼肩膀、胸肌、三头肌、腰背部，根据动作也可以锻炼腹斜肌。以俯卧撑为例，我向您展示如何通过小小的改动来变换出不同难度的动作，使锻炼有更多的变化，这一切十分简单：

- 最简单的变化是“高姿俯卧撑”（见第 55 页），在这个动作中，您站在一面墙前，用双手撑住墙面，把“俯卧撑”当做“站立撑”来完成。
- 较困难的方式是把身体靠近地面。

试试看靠在桌边，在一张椅子或者在一级楼梯上完成动作。身体越是放平，该练习就越难。

- “普通”的一类，您肯定知道，就是水平趴在地面上完成动作。
- 在这种普通的练习中，您可以将您的手臂稍微并拢或者分开放置于地面，以增加难度，这样也同时锻炼了其他肌肉。
- 您也可以将两脚分开或并拢，这样身体的稳定性就会改变。
- 您可以试着将双脚放在一级台阶、一把凳子或一张桌子上，然后“倒过来”做一个俯卧撑。您会发现，一个普通的俯卧撑将变得多么困难。
- 比如说，您可以将双手放在一个软软的枕头、一个气垫，或是许多小球上。您会觉察到不稳固地支撑地面有多么难以控制。
- 最后您还可以用指尖支撑甚至单手完成俯卧撑。

小建议：

呼吸作为辅助

在锻炼中要始终注意您的呼吸。虽然大多数情况下这是自然而然的，但在练习中要避免“屏住”呼吸。否则，您的血压会上升到预想不到的高度。

当肌肉紧绷、收缩的时候，您应该呼气，在俯卧撑撑起或压下的时候应该呼气。最简单的办法是，当您觉得呼吸变得困难了，就应该呼气。但某些练习恰巧需要另一种呼吸技巧。您最好让您的呼吸找到自己的节奏。不过屏住呼吸和屏气使劲，您真的只能偶然为之。

我想，您一定理解了我想要说明的事情。除了俯卧撑，还有很多利用自身重量的练习都可以有无尽的变化。您只要简单地想一下，看看周围的环境，一定就会想到其他好办法的。不过同时您也要一直注意自身安全，这样成功就不会有障碍了。

4.2 您应该以怎样的频率训练

您大概可以每周训练 3 到 5 次。每个训练单元都不必超过 30 分钟。因为肌肉很容易满足，并且对相应的训练刺激反应很快。如果您训练得很频繁或者当您的肌肉还没有从前一天的训练中恢复过来，那么您应该让它休息一下，进行一些针对其他身体部位的练习。肌肉也需要休息来更好地生长。所以运动不要太夸张！

现在就开始吧。您可以自己组合您的训练项目。祝您开心！

4.3 热身是很重要的

大多数运动员都不喜欢热身。尤其对用自身的体重训练肌肉的人，很多时候，都选择放弃这一步。然而为了避免肌肉、肌腱以及韧带不经过热身就直接进行重负荷训练而导致损伤，您还是应该稍微做一点热身运动。这样您的身体组织供血会更好，血管更通畅，神经冲动对肌肉的刺激传导也会更好，韧带肌腱和肌纤维也更有弹性。这些会让您的肌肉训练更加有效。所以在您开始肌肉训练之前，我们的热身小练习会帮到您：

1. 用手臂做 30 秒钟的“肩部画圈”动作来活动肩关节。

2. 身体向两侧弯，保持上半身不转动，同时用手尽可能向下触碰腿部来活动脊椎。重复这一动作 10 次。

3. 弯腰时尽可能地向前伸展，膝盖保持笔直，双脚与臀部同宽，试着用手指接触地面。伸展 10 次。

4. 原地快速地跑或者走一分钟，同时注意抬高膝盖和大腿。

好了，现在您已经准备好了，热身完毕，可以开始训练了。开始吧！

第五章 前臂和上臂

5.1 坐姿起桥

锻炼手臂和肩膀肌肉

- 挺直上半身坐在地上。双脚放在地面，腿屈起呈 90 度。
- 两肩打开向后用手撑地，手与肩同宽，手臂在身后支撑上半身离地。
- 现在将上半身尽量朝后仰，直到身体大部分重量压在您的拳头上。
- 臀部上提，弯曲、伸直您的手臂，同时保持躯干不动。

5.2 双臂反屈伸

锻炼手臂和肩膀肌肉，特别是肱三头肌

- 在椅子或某个平面上用手向后伸支撑身体，双手与肩同宽。
- 移动双脚尽可能地远离椅子，直到膝盖和臀部至少达到 90 度。让大部分体重压在手上。
- 弯曲、挺直手臂，同时保持躯干不动。

5.3　钻石—俯卧撑（近距俯卧撑）

锻炼手臂和胸部肌肉，特别是肱三头肌

- 首先进入俯卧撑的姿势。身体保持一条直线。有意识地将肚脐往内收，试着将背脊保持完全笔直，不要让腰部塌下。
- 双手并排紧靠着撑在地上。手肘在手臂弯曲及挺直的时候始终紧贴身体。
- 注意在接下来伸直手臂时不要将手臂完全挺直，而是稍微留一定角度。
- 您越将手臂压低，这个练习就越累。

小建议：

可替换的动作

- 将双手撑在一个与臀部等高的地方（比如桌子边缘）。
- 将双手撑在最低的一级台阶上。

小建议：

日常生活中的练习

您可以利用楼梯栏杆（水平的）、花园的矮门或儿童游戏区的单杠来完成这个练习。

双脚直接放在栏杆之下。整个动作中您要注意地面是否有良好的附着力。

5.4　拉栏杆

锻炼手臂肌肉，特别是肱二头肌

- × 用双手抓住一段站立时等高牢固的栏杆。
- × 尽量将身体往后靠，直到手臂完全伸直。双腿呈90度弯曲，大腿和地面平行。脊背保持挺直。
- × 将上半身拉近紧贴双手，同时收紧肩胛骨，然后伸展手臂。膝盖保持90度不变。

5.5　带阻力的肱二头肌卷曲

锻炼手臂肌肉，特别是肱二头肌

- 坐在地上，双腿微微打开屈起。上半身微微前倾。右上臂紧贴右大腿内侧稳定身体，右手握拳抵于左腿膝盖下。

- 弯曲、伸展右臂的肘部，抵住来自左腿的阻力。同时左腿在向上的动作时弯曲，在向下的动作时伸展。
- 根据自身的能力在腿上加重阻力。腿向下的动作要始终减速进行。

5.6 反举手臂

锻炼手臂肌肉，特别是肱三头肌

- 站立时双腿与臀同宽，臀部向后沉，使上半身略向前倾斜，就像微微鞠躬的样子。手臂在身体两侧伸直，手掌相对。肩胛骨向下向内用力。头部保持在脊椎的延长线上。
- 将手臂向后向上举起，至肩部的高度，然后再放下。
- 臀部略向后沉，使上半身稍微向前倾斜。将肘部弯曲呈 90 度直角。上臂靠近身体两侧，手掌相对。
- 然后再一次举起手臂直到与肩等高，再次放下。在动作过程中注意不要耸肩。

5.7　强推 1

锻炼手臂肌肉

- 站在离一条长凳或一张椅子一米远的地方，摊开手掌与肩同宽，将手支撑在椅面上。
- 将臀部往后顶，伸直手臂，直到让您的上半身从手到臀部呈一条直线。注意保持您的背脊是笔直伸长的，而不是塌下的。后颈也要伸直。
- 紧接着弯曲肘部，直到前额几乎碰到长凳为止，然后再次伸直手臂。

小知识：

将肌肉神话放在放大镜下看（第一部分）

围绕着肌肉和肌肉的增长有很多的传言，它们并不正确，如：

- 不管您训练的是什么，肌肉总会增长的——（事实是）根据您训练的方式，您可以获得更好的耐力、更好的协调性和力量，而不一定增长肌肉。
- 多次重复同一个练习比注重训练强度要重要——不是这样，通过高负荷的运动会有更多的肌肉被激活。

小知识：

将肌肉神话放在放大镜下看（第二部分）

- 蛋白质吃得越多，肌肉就长得越好：蛋白质对肌肉的构成不可缺少，这是对的，但是摄入太多蛋白质，它就会在体内转化为脂肪。
- 腹肌训练，能够使腹部减肥：的确，但如果身体将脂肪囤积在腹部，那只有一个办法：调整饮食，并训练“代谢发动机”——肌肉。

5.8 负重臂弯举

锻炼肱二头肌

- 站直或坐直身体，每只手举一个哑铃或者一个一升的水瓶。手臂伸直放在身体两侧。同时，上臂尽可能贴住两侧胸腔。
- 将小臂从肘部位置向上朝肩膀方向慢慢屈起，大拇指向上。做动作时不要突然一下子完成。
- 前臂慢慢回到动作开始的位置。
- 可左右交替进行，也可以两面同时完成动作。交替的好处在于，您可以将注意力集中在每个弯举的动作上。

5.9　仰卧伸肘

锻炼肱三头肌

- 仰卧在地面上，屈起双腿，将双脚紧紧踩在地上。
- 一只手取一个哑铃或一个一升的水瓶，伸直手臂与肩部成直角。同时手肘朝外。
- 慢慢地曲起肘部，集中注意力，将哑铃慢慢地从胸前放下，放到对面的肩部。在快要碰到肩部前停顿并保持 2 秒钟。
- 接着把哑铃重新举高，直到手臂几乎伸直。上臂在做动作时保持不动。

第六章　肩部和颈部

小知识:

将肌肉神话放在放大镜下看（第三部分）

还有一个关于肌肉增长的神话，在这里澄清：

训练得越多，肌肉就长得越快——事实上，肌肉需要至少48小时的恢复期才能生长。

6.1　点头转颈

锻炼颈部肌肉

- 仰卧在某一高处（比如床一类的地方），头部超出其边缘。
- 现在将头部向后向下轻轻地转动，然后抬头，到脊椎的延长线的位置。接着向左向右转动。
- 接着把脑袋转向一侧，直到右耳贴近右边的肩膀。
- 集中注意力在另一侧完成同样的动作。

6.2　手臂旋转

锻炼肩部肌肉，特别是前面的三角肌

- 站直或坐直身体。
- 将手臂从两侧打开，与肩部等高。
- 将伸直的手臂向前、向后转圈。
- 这个练习您可以随时随地进行，工作时休息时都可以活动身体！
- 练习时不要晃动，集中注意力，速度不要太快。动作越利落、稳定，做得越快。
- 最主要的是，您身边要有足够的活动空间。

小知识：

情绪化的肌肉

我们的肌肉组织是和我们的精神紧密相连的，并且相对应地，它们会对压力作出紧张、对高兴作出放松的反应。您可以留意观察我们的身体在害怕和持续的压力下是如何抽搐的，而当您真心大笑时，我们的肌肉摸上去是多么放松。如果肌肉持续绷紧，它的氧气和营养供给就会变差，甚至它的细胞会死去。如果您的压力很大，那么定期让自己放松就很重要了。

6.3 肩膊推举

锻炼手臂及肩部肌肉

- 站直身体。举一张椅子或一本厚重的书到胸前。
- 将书举过头顶，手臂几乎伸直，然后再将它放低到胸口。
- 注意稳住身体的重心。收紧肚子和臀部。

6.4 提 肩

锻炼肩部肌肉

- 每只手拿一个满的一升水瓶。
- 身体站直，手臂在身体两侧伸直。
- 最大程度地提起肩膀，就好像要用它们去碰自己的耳朵。保持这个姿势大约 2 秒钟。
- 然后尽量放低肩部。

6.5　强推 2

锻炼肩胛带

- 身体站直，将脚尖微微向外转动，直到两个脚后跟能相互碰到。
- 上半身前弯，双手着地，用手向前走，直到腿和上半身呈 90 度角。脚跟可以稍微离地，但是应该向下踩。
- 双手与肩同宽。弯曲手臂，使鼻尖几乎能够碰到地面，上半身朝下。然后再将手臂伸直。
- 在动作过程中腿与上半身保持 90 度。

6.6　跪撑举臂

锻炼肩部肌肉和整个手臂肌肉

- 跪在地上。手臂向前伸直，上半身前倾，直到手掌能够摸到地面，同时手掌朝下。
- 举起一只手臂离开地面，在空中保持 2 秒钟。
- 换一侧练习。
- 练习时注意保持背部挺直，不要塌腰。头和颈部保持在脊椎的延长线上。

小知识：

没有休息就没有成功

肌肉在一次艰苦的力量训练之后需要有规律的休息，至少要休息两天，才能完成新陈代谢。如果您要学习新的动作，那么您需要甚至三天来重新调节并建立您的内平衡。对于耐力训练，则建议休息一天半。较理想的状况是耐力训练和力量训练交替进行。

6.7 拉伸手臂

锻炼肩胛带肌肉，特别是斜方肌

- 腹部着地平躺。双腿伸直，脚趾抵住地面。头部、颈部和脊椎成一直线。
- 现在将手臂向前伸直，与身体平行，将手臂从地面稍稍上举到与肩部等高。这时，将肩部向下沉，离开耳边。
- 然后尽可能向后弯曲手臂，直到贴近上半身，最后收紧肩胛骨。

6.8　蹲姿上举

锻炼肩胛带肌肉及背部和腿部肌肉

- 尽量做一个深蹲的姿势，上半身前倾45度。
- 现在将头部向前向下活动，同时让下颚贴向胸部。
- 慢慢地将头抬起来直到头与脊椎成一条直线。
- 整个动作过程中的要领是：动作不要猛地一下子进行，接受疼痛的极限，因为绷紧的颈部肌肉需要一定的时间充分拉伸。

小知识：

在办公桌前运动

背阔肌的前牵引式训练，包括引体向上等，都可以坐在办公桌前完成，只需要将上半身前倾。注意：请在没有障碍物的椅子上练习。

小建议：

不要害怕厚实的肌肉

女性经常避免进行肌肉训练，因为她们害怕有一身夸张的肌肉。不过，要拥有健美的身材还有一条漫长的道路。而在肌肉训练的初始阶段，才会首先将脂肪化解。肌肉要慢慢地才会成长，一段时间之后才会看得出来。想要有力量，但又不想要厚实的肌肉，则完全可以挑选相对应的练习，注意不要每一次练习都将肌肉的力量完全耗尽。

6.9 拉伸颈部

锻炼短的颈部肌肉

- 身体呈俯卧姿势，最好在一个垫子或者床上，使头部可以伸出边缘。
- 现在将头部向前向下活动，同时下颚贴向胸部。
- 慢慢地将头抬起来，直到与脊椎成一条直线。
- 这个动作的要领也是：动作不要猛地一下子进行，要接受疼痛的极限，因为绷紧的颈部肌肉需要一定的时间来使自己得到充分的拉伸。

6.10 负重前平举和侧平举

锻炼肩部肌肉

- 双手举两个装满水的水瓶。身体直立。
- 手臂放在身体两侧伸直。
- 双臂伸直从侧面平举至肩部的高度，然后再缓慢地放下。
- 现在将双臂伸直从前面平举至肩膀的高度。
- 再缓慢地将手臂放下。

小知识：

老年时期的训练

2007 年，生活在某养老院中的一群老年人在科学观测之下，花半年时间，每天用小型器械训练肌肉 10—15 分钟，之后有 15% 的老年人身体变得矫健，从而使他们能够离开养老院独立生活。这表明了一个不可辩驳的事实，即每个人在任何时候都可以开始锻炼，并且整个生活质量都能得到提高。

第七章　胸部和上背部

小知识：

肌细胞因子：肌肉的信使

与激素一样，肌细胞因子会在身体中激发特定的反应。它们只有在肌肉中，并且只在运动中才能被生成。2007 年丹麦的本特·佩德森发现了这一“肌肉的信使”之后，人们才知道了为什么活动、锻炼和体育对健康有如此多积极的影响。

7.1　肩部伸展

锻炼上背部的背肌和肩部肌肉

× 腹部着地躺在您的练习垫上，双腿伸直，脚尖抵地。头、颈与脊椎保持在同一直线。

× 两臂向前伸直，大拇指指向上方。

× 将手臂在肩部关节处向上极力提升，然后再集中注意力将手臂缓慢地放下。

7.2　俯身提背

锻炼上背部背肌

- 腹部着地躺在练习垫上，双腿伸直，脚尖抵地。
- 将手臂曲起 90 度并紧贴身体，用手握拳并用指节抵在垫子上撑住上半身。小臂与垫子成直角指向练习垫。
- 现将拳头从地面提起，同时将肩胛向脊椎方向收紧。
- 缓慢地集中注意力将手臂和拳头放下，但不能触碰地面。

小建议：

训练小帮手 1：训练过少

要想逐渐看到肌肉的形成，就要保证训练有一定的规律。两个星期才完成 1 个训练单元——这实在太少了。比较理想的是每周 2 到 3 个训练单元。

您最好将训练的日期都记在您的记事本中，并坚持下去——不要为自己寻找任何借口。

7.3 仰卧划船

锻炼上背部背肌，特别是背阔肌

- 仰卧时将双臂靠在身体两侧，肘部呈90度角。前臂指向屋顶方向。
- 将弯起的双腿向胸部方向收起。同时膝盖处保持90度角。脚后跟踩住地面。
- 倾斜骨盆并稍稍挺腰，只有头部、臀部、脚后跟和肘部碰触到地面。
- 抬高及放下上半身，放下时不要让其碰到地面。
- 如果您想稍微轻松一点，您可以将脚后跟平放在地面上。
- 如果您想稍微加大难度，就将脚后跟竖起抵在地面上，将臀部抬高一些（桥式姿势）。

7.4 引体向上

锻炼上背部的背肌及胸部和手臂肌肉

× 利用儿童乐园的单杠做引体向上。

小建议：

在家练习

可以在门框上安装引体向上所用的单杠，单杆可以在专业商店或在网上购买。

7.5 擦窗式

锻炼支撑肩胛的肌肉

× 站直或坐直身体。头部和脊椎保持一条直线并且在整个动作过程中都保持这个姿势。

× 手臂弯曲向身体两侧伸展，使其从侧面看完全看不到手臂和手掌。肘部最好与肩部等高或者稍稍靠下。

× 现在用手臂向内做画圈运动，然后再向外。先从小圈开始然后再渐渐画成大圈。

7.6　划船式下拉

锻炼上背部的背肌和肩部肌肉

× 腹部着地平躺，双腿伸直，脚尖抵地。
× 手臂伸直，与身体的延长线平行。
× 集中注意力将上半身和手臂慢慢抬起。
× 尽可能地弯曲手臂，同时用力将肩胛骨收紧。接着再慢慢地伸直手臂。

小建议：

训练小帮手 2：训练过多

但也有过于急于求成、太过用力的人，每天都练得精疲力竭。这和练得太少同样是不对的。在一次训练之后，肌肉和身体需要休息（见第 25 页）。因此您练习同一个肌肉群最好不超过两天一次。

7.7 经典俯卧撑

锻炼腹部、臀部和背部肌肉

- 从“经典”的俯卧撑姿势开始，将整个身体腾空，只有脚尖和手与地面接触。将体重完全压在双手和脚趾上。双手的位置在肩部正下方，手指朝前。
- 将腹部和臀部肌肉收紧，腰椎不下垂。吸气的同时慢慢将身体下沉，手臂弯曲，直到几乎快碰到地面。
- 呼气的同时伸直手臂将身体向上提，但手臂不能完全伸直。

7.8　滑行俯卧撑

锻炼胸肌

- 进入俯卧撑的姿势。
- 双手与肩等宽放在一块布上。
- 将双手尽可能向外推，然后再将手拉回到肩下方的位置。
- 同时注意您的肘部保持微微地弯曲。

7.9　高姿俯卧撑

锻炼胸肌

- 站在一面墙前约一米的地方。
- 将身体用一只手臂支撑在墙上，双手放在胸部的高度。身体保持一条直线。
- 弯曲及伸直肘部——但不要让手臂弯曲到底。
- 交换手臂进行练习。

小建议：

训练小帮手 3：不热身就训练

立刻就开始运动、并且一开始就加速运动，即便是对我们的摩托车和汽车，也不能这样做。为了避免受伤，您应该慢慢地平静地开始练习，并且对您的肌肉进行热身运动（见第 31 页）。这样才能保护肌肉不受伤。

7.10 反向俯卧撑

锻炼胸肌

- 将双脚放在一个高一点的地方（比如台阶），然后做出俯卧撑的姿势。
- 双手放在肩部正下方。目光向下。
- 将腹部和臀部肌肉收紧，腰椎不下垂。吸气的同时慢慢将身体下沉，手臂弯曲，直到几乎快接触地面。
- 呼气的同时再次通过伸直手臂来将身体向上提（但手臂也不能完全伸直）。
- 整个后背在动作过程中保持挺直，与腿呈一条直线。

7.11　仰卧推举

锻炼胸肌和肱三头肌

- 您可以把一升的水瓶当做哑铃。背部着地平躺，双腿屈起，双脚紧紧地踏在地上。
- 上臂靠肱三头肌的一侧也同样平放在地上，前臂与地面垂直。手掌指向膝盖的方向。
- 把手臂尽量伸直，用力将哑铃从胸前向上推举。然后保持一会儿。
- 接着将手臂慢慢放下，直到上臂几乎平放到地面上。

小建议：

避免挺腰

注意在动作中不要将哑铃放在头部上方。头部和背部在整个动作过程中保持稳定，让其在一条直线上，并且不要离开地面。同时您要将腰椎在整个动作过程中紧靠在练习垫上，并将肚脐向内吸紧。

第八章　腹部和下背部

8.1　仰卧卷腹平衡式

锻炼腹直肌

- 笔直地坐在地上。慢慢地举起双腿，小腿伸直与地面平行。
- 手臂向前伸直与地面平行，手掌向上。
- 您也可以将手臂向上举起，以增加训练难度。
- 接着控制力度将双腿慢慢地放下。

8.2　仰卧扭转卷腹平衡式

锻炼腹斜肌

- 笔直地坐在地上。慢慢地控制力度举起双腿，小腿伸直与地面平行。
- 手臂向前伸直与地面平行，手掌向上。
- 手在臀部后 20 厘米处支撑身体。
- 将屈起的双腿向右转，使左半边臀部尽可能远离地面。
- 换到另一侧。
- 伸直双腿来完成这一动作，以提高难度。

8.3　长桥式

首先锻炼的是背长肌，另外能锻炼到臀部肌肉和大腿肌肉

- 仰卧平躺，手臂放松放在身旁。两脚与臀部同宽。腰椎应该以自然的弧度微微离开地面。
- 双臂交叉放在胸前。腰椎压向地面，慢慢地从尾骨、腰椎到胸椎，将每一节脊椎向上卷，使身体从肩膀到臀部直到膝盖都呈一条直线。注意肩膀和颈部保持放松。
- 在肩膀—臀部—膝盖的延长线方向，向上伸直一条腿。
- 将这个姿势保持 10 至 15 秒钟，在动作的同时注意保持均匀的呼吸。
- 先把腿放下，然后再将躯干慢慢地一节一节地向地面卷回。
- 换一侧练习。

小建议：

训练小帮手 4：运动单元不宜太长时间

训练的效率不取决于您训练多长时间。短时间、高强度的运动单元大多数情况下更有效率，而且还能节省很多时间。

8.4 交叉式（仰卧交叉触膝）

锻炼腹直肌和腹斜肌

- 背部着地平躺在练习垫上，将双腿呈直角抬起。
- 双臂打开向后伸直，与肩同宽。控制力度，慢慢地将上半身、头部和手臂提起。
- 控制力度屈起左腿，同时用右手触碰左边屈起的膝盖。
- 接着将这条腿伸直，将右臂恢复到开始的姿势。
- 换一侧练习。

小建议：

重要

注意您的骨盆在整个动作过程中都与地面接触。肩膀向外伸，离开双耳。

8.5　屈膝卷腹

锻炼腹直肌

× 背部着地平躺，将双脚竖起。膝盖呈90度弯曲。脚后跟踩在地上，脚尖收紧。手臂与身体平行。

× 稍稍抬起手臂，慢慢地将头部和肩胛骨从地上卷起。头部与脊椎保持直线。双手稍高于地面，向脚的方向做推的动作。腰椎始终平躺在地面上。

× 向地面反方向回卷，但不包括头部，肩胛和手臂完全放下。

小建议：

训练小帮手 5：练习中休息时间过少

重要的是您要“干净利落”地完成练习。这只有在肌肉协调性不因休息时间太短而受到限制的条件下才能办到。否则的话，肌肉过于疲劳，就无法完成具体的动作。

小建议：

训练小帮手 6 ：过少的负荷量

虽然每个人对训练强度的理解都是不一样的：对有的人来说出汗就够了，而对另一些人来说，一定要运动到精疲力竭。

不过除了主观判断以外，也有客观的必需的运动量，那就是肌肉要感到疲劳。您必须要运动到肌肉能量耗尽为止。您要能够感觉到肌肉“燃烧”或者真正“疲劳”，而且完全不想再继续了。在此之前不要停止。

8.6 俯卧两头平举

锻炼下后背背肌

- 腹部着地平躺在练习垫上。手臂和双腿伸直。
- 腿部稍微离开地面，在整个动作中都保持这一姿势。
- 现在将手臂伸直，上半身稍稍抬起。
- 保持这一姿势三秒钟，然后再放下双腿。

8.7　反向卷腹

锻炼腹直肌

- 坐在地上，双腿屈起，膝盖呈 90 度角，双脚的整个脚掌同时着地，上半身保持与地面垂直。两手放松搭在大腿上。
- 上半身慢慢向后放下，同时双手仍放在大腿上。整个动作中背脊保持挺直。
- 将最后的姿势保持两秒钟——挺直身体然后再放下。

小建议：

可替换的训练方式

一种要求更高的替代方式是：手臂伸直在身体延长线方向做卷体动作。

- 坐在地面上，将双脚支起。
- 将膝盖缩起呈 90 度角，小腿与地面平行。
- 将双臂从前往后举起，并将它伸直保持在耳朵的延长线上，尽可能向后伸展，只要您能够保持平衡。

8.8　抱桌式

锻炼背长肌

- 站直身体。弯曲手臂放在身体两侧。
- 上半身向前倾，直到与地面平行，这个姿势保持两秒钟。然后直起身体。

8.9　仰卧顶髋垂直举腿

锻炼小腹腹肌

- 背部着地平躺，两条腿垂直于地面向天花板竖直并保持这一姿势。
- 两条手臂放在身体两侧与身体各呈 45 度角。
- 将骨盆尽可能向上抬起。双腿保持垂直。在动作过程中，手臂不能当做杠杆使用。
- 将骨盆放下，但同时腹部肌肉保持紧绷。

8.10　转体触膝卷腹

锻炼腹斜肌

- 背部着地平躺，屈起双腿使臀部和膝关节都分别呈 90 度角。脚尖朝上收起。两臂伸直放在身体两侧。
- 慢慢将头部和肩胛部从地面上抬起。
- 将两条手臂伸直，从侧面伸向左膝。
- 回到原来的姿势，头部不要放下。
- 接着换右膝完成同样的动作。

小建议：

重要的是：

头部始终保持在脊椎的延长线上。注意，将上半身向膝盖靠拢，而不是相反。膝盖在整个动作过程中始终保持起始姿态不变。

8.11 仰卧灵活顶臀

锻炼下背部的背肌、臀部肌肉和大腿背面肌肉

- 背部着地躺在练习垫上。
- 手臂平放在身体两侧。将脚后跟远离臀部放在地面上。
- 现在抬起臀部。上半身和腿部形成一条直线！
- 从这个姿势出发，抬起一条腿并将腿伸直。现在放下骨盆，再抬起。
- 换一侧练习。

8.12　俯卧两头起

锻炼背长肌和背深肌

- 腹部着地平躺在练习垫上。
- 伸直手臂和双腿，脚尖点地。头微微离地。
- 同时伸直手臂和腿，向上抬。保持这个动作两秒钟。
- 放下手臂和腿，但不要完全放到地面。

小建议：

训练小帮手 7：永远都是老一套

人的身体有 639 块肌肉，所有的肌肉都希望被锻炼到。因此您要尽可能多地变换练习，使其他肌肉也能够被锻炼到。

有时候您也应该改变一下练习的次数、运动的速度，或是组数。

最迟在 12 周之后，您应该将您的训练程序彻底地改头换面，因为到那个时候您的身体已经习惯了这种训练。没有变化的话，它就会感到无聊了。

小建议：

训练小帮手 8：简短动作

肌肉不仅要在肌腹和肌肉韧带上强劲有力，在其两端也要强健，这样关节才能够稳固。也只有“长”的肌肉才能以各种方式施展力量。因此请注意，不要简化这些动作。做练习时每次都要完成全套动作，即使在最后时刻感觉困难。

8.13 转体平衡式

锻炼腹直肌和腹斜肌

- 坐在地上。上半身保持挺直，身体稍向后仰。
- 双腿屈起呈 120 度角。
- 双手交叉放在胸前。
- 将上半身尽量转向右侧。手臂和头部也向相同的方向转。结束动作时保持两秒钟，然后再向另一侧转去。
- 整个过程中，头部与脊椎保持在一条直线上。

8.14　游泳式挺身

锻炼背长肌和背深肌

- 腹部着地平躺，伸直双臂和双腿，尽可能伸展开来。
- 现在将伸直的手臂和腿抬高，离地几厘米。脚尖绷紧，手掌相对。头部在脊椎的延长线上。鼻尖接近地面。
- 将对角线上的手臂和腿一起在空中抬起或放下。在练习过程中手臂和腿都不能放到垫子上。

小建议：

重要的是：

为了在这个练习中建立起良好的身体张力，在整个动作中收紧腹肌是非常重要的。

动作过程中肩部要有意识地向下拉。

小建议：

重要的是：这样做是正确的

注意，在整个动作中，臀部和双脚始终是接触地面的。双手在向下卷起或是向上卷起的动作中尽量不触碰任何部位，也不接触身体或地面。

8.15 全伸展仰卧起坐

锻炼腹直肌

× 从坐姿开始仰卧起坐的动作。双脚放在靠近身体的地方。让双脚的脚底能互相碰到，两侧膝盖向外翻。双手能够碰到脚前面的地面。

× 将上半身向后反卷到地面，同时将手臂从头部上方伸直，并用双手去触碰后方的地面。

× 将上半身向前向上卷起回到坐姿，并用双手去触碰脚前方的地面。

小建议：

训练小帮手 9：锻炼自己最喜欢的肌肉

肱二头肌、肱三头肌、胸肌、六块腹肌或是有力的臀部肌肉，这些肌肉谁不想要呢？它们往往是“地位的象征”，并且在每一个训练日都能练习到。不过您最喜欢的肌肉也需要休息和恢复。虽然这很难，但您也得让您的宠儿们始终有定期的休息时间。

8.16 侧卧抬腿

锻炼侧面的躯干肌肉

× 侧躺在练习垫上。

× 将下方的手臂放平在头下面，上方的手臂在上半身前撑地。

× 将臀部和双腿伸直。脚尖收起。

× 将双腿从地面抬起再放下，但不要碰到地面。

× 整个动作过程中始终紧绷腹部和臀部肌肉，臀部不要移动。

8.17 腰部平衡式

锻炼侧面的躯干肌肉

× 朝右侧躺在练习垫上。

× 左手肘撑起，右手臂放在右大腿上。两腿伸直，脚收起。

× 将身体从地面抬起，使头部、上半身、臀部和腿尽量在一条直线上。

× 将臀部稍微放下一点，不要碰到地面，然后再挺直。

小建议：

训练小帮手 10：切勿定下错误的目标

要想长期坚持训练，最重要的是目标。目标越明确越好。没有目标很快就会失去激情。不过计划太多或是太少都是错误的。不切实际的目标让人害怕，而太容易过的“关”则完全没有意思！因此您要找到明确的符合实际的目标，并为其定下时间限制。您应该制订一个时间表，确定什么时候应该已经达到什么目标。这样您才能保持动力。

小建议：

训练小帮手 11：在精疲力竭和生病时坚持训练

如果病了，就不应该训练了。休息几天比可能发生心肌损伤要少很多麻烦。在患流感，特别是在发烧时，休息是必须的。不过如果您只是累了或只是有些小病痛（比如脖子擦伤），您也应该降低训练强度。这样才能让您的免疫系统更有效地工作。

8.18 仰卧抬腿

锻炼腹直肌、臀部肌肉和大腿肌肉

× 背部着地躺在练习垫上，全身绷直。

× 肩部、臀部、腿部和脚后跟接触地面。手臂放松地放在身体两侧。

× 同时抬起两条腿，直到它们垂直指向天花板。

× 慢慢地将双腿放下，但不要碰到地面，然后再重新开始这一动作。

× 注意保持双腿绷直，两脚并拢，腰椎紧紧压向地面，避免腰部凸起。

8.18　悬空坐姿

锻炼腹直肌

- 坐在地上。膝盖屈起约 90 度。
- 双手放在大腿上，将肩膀向下拉。
- 紧紧地将肚脐向内吸，然后慢慢地将上半身向后仰，直到您感觉到腹肌有轻微的拉伸感。
- 将双脚离开地面抬起，直到小腿与地面平行。保持这个姿势 15 到 20 秒钟，然后回到开始的姿势。

8.19　蹲姿双臂劈砍

锻炼深层背肌、腿部肌肉和臂部肌肉

- 身体站直，双脚与肩同宽。收紧肚子。将体重移到脚后跟上。
- 尽可能地屈膝，做出好像要坐下的姿势。同时轻微地将膝盖向外压，但身体始终在双脚上方保持垂直。
- 手臂举起，保持在头部和脊椎的延长线上，背脊挺直。手掌相对。
- 当膝盖弯到最低时，用双臂做出快速的小幅度的劈砍动作。手关节和肘关节保持伸直，使动作完全由肩部来完成。

小建议：

重要：这样做是正确的

注意头部与脊椎在一条直线上。臀部始终是平放的，使动作只在上半身完成。保持这个姿势两秒钟，然后再慢慢地控制好力度滑行回去。

8.20 游动眼镜蛇式

锻炼下背部、臀部肌肉和背阔肌

- 在身前的地面上随意放一块毛巾。
- 在毛巾前俯卧躺下，双臂伸直与肩同宽，双手放在毛巾上。
- 身体完全躺在地面上。
- 身体力量压在毛巾上，将双手慢慢地抵向身体中心。同时弯曲肘部。
- 在动作过程中胸部挺起向前。

第九章　核心区训练

9.1　超人式

- 四肢着地。紧绷身体的中心部位。
- 将右臂和左腿抬起，完全伸直。腿和手臂分别在上半身的延长线上。
- 将右手肘和左膝盖都收拢于身体躯干之下，然后再将它们伸直。
- 注意伸展的时候，保持背部挺直，头部要在脊椎的延长线上。

小知识：

什么是核心区训练

核心区训练锻炼的是深层的肌肉，可以说就是身体的核心。这里特别涉及的是深层的背肌和腹肌，以及臀部和骨盆底的肌肉。出于这个原因，接下来章节的单独练习都不再标明特别的效果。

小知识：

深层和表层的肌肉

骨骼肌存在于骨头和周围的膜层中。我们在数星期锻炼之后看到的成果是呈现在表面的肌肉。但是，训练深层肌肉也同样重要，因为它们对身体的平衡稳定来说是不可缺少的，特别是深层的背肌和腹肌。然而这只能通过特定的核心区训练间接地达到效果，因为这些肌肉无法像肱二头肌等肌肉这样随心所欲地绷紧。

9.2 平板反撑抬腿

- 伸直双腿坐在地上。双手平放在身后，手指向前。
- 用手支撑身体，抬起臀部，使身体从脚后跟到头部形成一条稳定的直线。
- 抬起右腿至少呈 45 度角，同时不要放下臀部。
- 保持这个姿势 2 秒钟左右。
- 放下腿，换一侧练习。

9.3 波比式

× 身体站直，双脚与肩同宽。

× 像做下蹲一样蹲下来，用手在身前撑在地上。

× 将双腿向后“箭一般”踢出去，使身体做出俯卧撑的姿势。

× 完成一个俯卧撑，然后从原地跳起再恢复到下蹲的姿势。

× 然后再向上跳起，并在头部上方击掌一次。

× 落下时站直并准备好下一个波比式的动作。

9.4 俯卧撑劈砍

× 四肢着地。用前臂支撑身体，手掌指向前方。用双手握空心拳或弯曲手指。脚尖抵地。

× 将两个膝盖从地面上抬起，使大腿和小腿之间呈120度到150度角。臀部在膝盖之前。背部保持挺直的姿势，头部在脊椎的延长线上。

× 轮流将右脚和左脚抬起，离地两秒钟。

小知识：

不要碰合成代谢类固醇

我经常听说运动员为了增长肌肉而摄入合成代谢类固醇。在专业运动中这属于为了提高成绩而违规使用兴奋剂——在业余运动中，这虽然是允许的，但由于合成代谢类固醇有众多的副作用而应该完全拒绝。服用这种物质会导致长痤疮、脱发，女性变得男性化，声音发生变化，以及高血压，生育障碍和阳痿、有攻击性、器官生长无法控制、流鼻血等不良后果。所以：不要碰类固醇！

小建议：

这样喝水味道也不错

白天喝足够的水以补充通过锻炼出汗而失去的水分。不加碳酸的水或不加甜味剂的茶是最好的。要是不喜欢单纯的水的味道，可以事先加一点香味。试试喝加了柠檬汁的水，或可以加小姜块、薄荷叶、苹果片、百里香、柠檬香蜂草。您的想象力是没有限制的。

9.5 蹲姿劈砍

- 两脚分开与肩同宽，膝盖稍弯站立。
- 将上半身稍向前弯下。同时注意保持背部挺直的姿势，稍稍将肚脐往内吸。头部在颈椎的延长线上，使目光斜向下投射到双脚前约两米的地面上。
- 将手臂从头部上方向前伸直。两手绷直，五指合拢。
- 伸直手臂快速进行交替上下的劈砍动作。动作只由肩部发出。
- 重心放在身体躯干，上半身和臀部保持静止。

9.6　平板支撑

× 俯卧在地做前臂支撑动作。小臂与肩同宽，手指向前，双脚踩地。肩膀在肘部上方。

× 呼气的时候绷紧腹部，将颈部伸长。目光对着前方，将身体与地面保持平行。

× 吸气时将身体向前推，肩部到达肘部前方。呼气时再将身体向后推，肩部到达肘部后方。

小建议:

锻炼难度的变化

您可以取一个小的重物，比如一个哑铃或是一个小的水瓶在手中以增加动作强度。手臂做侧面动作时，可以允许稍稍弯曲。握有哑铃的手臂伸得越直，强度就越大。

9.7 核心肌群卧撑

- 四肢着地。伸直背部，头部在脊椎的延长线上。收紧腹部和盆底肌。
- 将左臂从侧面伸直，直到与肩部等高。同时向后伸直右腿，收紧脚尖。
- 慢慢弯曲两只手臂，将左臂尽可能地在右臂下方穿过并向右伸展。
- 然后将左臂恢复到开始的姿势。

小知识:

正确的蛋白质摄入量

竞赛运动员和有经验的锻炼者在高强度训练阶段应该按每千克体重摄入2克蛋白质，使训练能够增长相应肌肉。

9.8 腿部扭转

- 仰卧在地，以适当的角度抬起双腿。膝盖与臀部关节都呈90度直角。
- 吸气的同时从侧面伸直手臂，使其与肩同高。呼气并往内吸肚脐。
- 吸气时将膝盖向左边放下。同时让右半边的臀部和胸腔离开地面。肩部和手臂位置不动，保持贴地。
- 呼气，同时用身体中心的力量将膝盖慢慢地移动回初始位置。
- 如果您想要再加一个难度级别，您可以将腿伸直来完成这个动作。臀部的90度角保持不变。

小建议：

放弃反式脂肪酸

脂肪是不可或缺的基本营养物质，只有当您摄入多于身体所需的脂肪时才会发胖。最好的脂肪在海洋鱼类和一些植物油中。与之相反，脂肪中的害群之马是TFS，即所谓的反式脂肪酸。这是一种不饱和脂肪酸，它存在于油炸脂肪及工业生产的食物中。它会促进胆固醇的分泌，并因此引起心脏疾病。

9.9 钢绳式（跪撑举臂抬腿）

- 先做四肢着地的动作。
- 肘部微微弯曲，向外翻转，膝盖与臀部同宽着地。手掌撑地，手指向前。手臂和大腿与地面垂直，小腿与脚背平放在地面上。
- 背部挺直，头部位于脊椎的延长线上。将脚踩地。
- 收紧腹部肌肉。向后伸直左腿，让其与上半身呈一条直线，同时右臂相应地向前伸出。
- 脚尖向胫骨方向收紧。将这个姿势保持15到20秒钟，继续深呼吸。
- 将手臂和腿放下，然后换一侧进行练习。

9.10 大力侧卧卷腹

- 朝右侧平躺在地上，伸展右臂。左手支撑在身前。将头和肩部稍稍抬起一些。
- 呼气时将肚脐向内吸紧，同时用身体躯干的力量将上半身与腿部抬起来。这时两腿并拢。
- 继续呼吸的同时让身体核心区用力绷紧，并使上半身稍稍向上，这时不能用支撑的手借力。
- 再稍稍沉下身体，然后接着向上移动。
- 换一侧练习。

小建议：

脂肪不可缺少

这是我对所有人的营养建议：每天，30%~40% 的卡路里应该来自于健康的脂肪。即使对想要减肥的人，也应该牢记这一条——特别是当您还在锻炼时。因为科学已经证明，太少的脂肪会减慢新陈代谢的速度并因此也减慢减轻体重的速度。

小建议:

增加难度的替代练习

要增加训练难度，您可以将手支撑在不稳定的地面上或将腿放在一个较大的体操球上。这样会增加臀部扭转的难度。

9.11 臀部扭转

- 进入俯卧撑的姿势并将脚放在长凳或台阶（最多到座椅的高度）上。
- 将脚面绷直。
- 激活身体的躯干部分，绷紧臀部肌肉。
- 慢慢地将左腿收起。
- 现在将您的臀部向右扭转，并将左腿在身体下方右侧伸出。
- 保持这个动作一小会儿。
- 收住力量，恢复到初始动作。

小建议：

重要的是

注意将肘部微微弯曲。在伸直腿的同时收紧腹部——不要塌腰。

9.12 正面抬腿

- 锻炼深层的腹肌和背肌，以及手臂和腿部肌肉。
- 进入俯卧撑的姿势，双手放在肩部下方，手指向前。腿在上半身的延长线方向上向后伸直，前脚掌踩地。
- 将左腿抬起与上半身同高，使您能够稳住脊椎和骨盆。
- 将这一姿势保持5秒钟，然后将左腿和左脚前掌慢慢地放于地面。
- 换一侧练习。

第十章　臀部和腿部

10.1　弓步压腿

锻炼臀部肌肉和大腿前侧肌肉

- 直立站稳。
- 向前迈一大步弓步，前面的腿在下蹲时角度略大于 90 度。身体体重压在两腿上，重心在两腿之间。双手叉腰。
- 下蹲，使后腿的膝盖接近地面。

10.2　单腿屈膝下蹲

锻炼臀大肌和大腿前侧肌肉

- 单腿站立。另一条腿在身后以脚尖点地，双腿与臀部同宽。
- 直立着的那条腿弯曲，直到后一条腿的膝盖接近地面。
- 再将站立的腿完全伸直，换一侧练习。

10.3 单腿屈膝站起

锻炼臀部肌肉和大腿前侧肌肉

- 双腿并拢站于地面。
- 将身体重心移到右腿上，抬起左脚，并将左腿朝身体前方伸直。

- 慢慢地身体向后下方运动，好像要坐下一般。将身体下沉，直到小腿与地面平行。
- 再将身体站直。上半身随着伸直的手臂向前移动。脚后跟踩在地面上不动。
- 换一侧练习。

10.4　坐姿直腿上提

锻炼大腿前侧肌肉

× 直立地坐在地面上，两腿伸直。

× 上半身尽可能前倾，用左手抓住左脚。右臂在身侧支撑。

× 现在将右腿笔直向上抬，然后再慢慢地放下，不要碰到地面。

× 接着换一侧练习。

小建议：

植物蛋白

如果食用素食，最好用黄豆中提炼出的大豆蛋白来满足身体的蛋白质需求。豆浆、黄豆酸奶、豆腐，各种各样口味的食品都可以。因为从黄豆中提取蛋白质不需要用任何动物产品，所以大豆蛋白非常适合素食主义者。大豆蛋白中含有几乎所有重要的氨基酸，但绝不含任何胆固醇和乳糖。

10.5 仰卧抬起髋部

锻炼臀部肌肉和大腿后侧肌肉

- 仰卧在练习垫上，双脚的脚后跟远离臀部抵在地上。手臂放松，放在身体两侧。
- 将一条腿向胸口方向拉起，同时抬起、放下臀部。
- 接着换一条腿练习。

小建议：

完美的蛋白质来源

100克低脂凝乳含有12.2克蛋白质、3.9克碳水化合物和大概0.3克脂肪。因此，这一乳制品每100克能提供67千卡热量。正是它使低脂凝乳成为一种非常珍贵的训练点心。低脂凝乳中的蛋白质由80%的酪蛋白（乳蛋白）和20%的乳清蛋白共同构成。其高含量的谷氨酸也非常重要，它也许是肌肉细胞当中最重要的氨基酸。

10.6　坐姿夹腿

锻炼腿部内侧

- 挺直身体坐在一把椅子上。
- 身体稍微前倾。
- 将前臂夹在打开的双腿之间。
- 现在用手臂向外对小腿内侧施加压力，同时用双腿向内对手臂施加压力。
- 保持几秒钟，然后放松。

10.7　站立提腿

锻炼外展肌和臀部肌肉

- 做一个微微蹲下的动作，并将体重放在右腿之上。
- 弯曲（或伸直）抬起左腿，到与腰部等高的位置，然后再将它放下。
- 如果您一开始单腿站立时感觉不是很稳当，可以先扶着一面墙。
- 一段时间之后，您应该徒手完成这个动作。这个动作也可以增加平衡感。

小知识：

摄入太多蛋白质会发生什么

我们这里的大多数人每天都摄入相当多的蛋白质。如果再喝蛋白质混合饮料，那么您的代谢就变成了蛋白质代谢。您的体重会增加，因为蛋白质会变成脂肪储存起来。另外，太多的蛋白质会增加肾脏的负担。此外，吃蛋白质而不训练，对身体没有好处——除了多出脂肪！我们的身体需要训练的刺激，来让肌肉存储更多的蛋白质。

10.8 腿弯举

锻炼大腿背侧

- 单腿站立。
- 上半身稍稍前倾。将空着的那条腿尽可能向后伸直，并保持这一姿势。为了更好地保持平衡，您可以将手臂向两侧伸展，或者先扶着墙。
- 现在您只需要弯曲膝关节、伸直腾空的那条腿。

10.9　跳上箱子或跳上台阶

锻炼整个腿部肌肉

× 利用高的台阶或一个牢固的箱子来做单腿跳或双腿跳动作。

× 站在台阶之前。先用一条腿跳，再换另一条腿，然后用两条腿——这会比较累——跳上高处，然后不间断地再立刻跳回原处。

× 落地时尽量轻盈一些。逐渐加快速度。

10.10　侧弓步

锻炼内收肌、臀部肌肉和大腿前侧肌肉

× 双腿与臀部同宽开立，双手叉腰。侧跨一大步成侧弓步。

× 将跨出的腿的膝盖屈起；另一条腿保持挺直。同时注意，在动作接近尾声时，膝盖和脚尖所指的方向相同。

× 向弯曲腿的脚后跟施加压力，使之回到初始位置。

10.11 相扑式下蹲

锻炼腿部肌肉和臀部肌肉

- 站在一堵墙 30 厘米前。两脚之间距离比肩膀略宽，脚尖向外 45 度角。双手放在头两旁。
- 将臀部向后坐，直到大腿与地面平行。脚跟踩地。运动时背脊尽可能保持垂直。
- 慢慢地集中注意力重新向上回到初始位置。试一试能不能用两倍的时间来完成离心收缩动作。

10.12 交替跳—弓步

锻炼臀部肌肉和大腿前侧

- 左腿跨出一个深弓步（见第 93 页）。
- 通过前后摆臂来完成跳换，换成右腿的弓步。
- 上半身在整个动作过程中保持挺直。
- 加快速度。注意在运动中控制力度并且试着将跳跃动作做得越来越利落。注意落地时保持轻盈。

10.13　臀部平衡式

锻炼外展肌

- 用伸直的左臂支撑在某一高出地面的平板上（比如床）。手指方向从身体向外。
- 将双腿上下交叉，右腿在上，放在身体前面。
- 现在使臀部下沉，使放在身前的右腿的膝关节弯曲、伸直。
- 左腿始终保持伸直。同时上半身与伸直的左腿保持在同一平面上。

小知识：

蛋白粉——好还是不好

现在有很多科学研究已证实，蛋白粉提供了一种很好的能够支持肌肉增长的可能性。

- 在减肥阶段，它能给身体提供很多原材料，起到阻止肌肉消减的作用。
- 它们能被很快、很容易地制造出来。
- 它们有一种高效的激活新陈代谢的作用。

您在服用蛋白粉时要注意什么，继续往下翻您就知道了。

10.14 跪撑侧抬腿

锻炼腿部和臀部肌肉，同时锻炼下背部

- 四肢着地。两手支撑在肩部的正下方，手掌平行向前。
- 将右腿朝侧面抬起并放下。同时大腿和小腿呈 90 度角。
- 背脊挺直，头部在脊椎的延长线上。目光朝下看着地面。

10.15 弓步前行

锻炼臀部和大腿前侧

- 跨大弓步向前行，前腿下蹲时膝关节角度要稍大于 90 度。
- 每前行一步都要下蹲，使后腿同样弯曲成 90 度角，膝盖几乎要碰到地面。
- 手臂在两侧也一起挥动。
- 体重始终压在两条腿上，身体重心在两腿之间。整个动作中上半身保持垂直。

10.16　俯卧腿弯举

锻炼腿部和臀部肌肉，另外锻炼下背部

- 俯卧时将额头放在相扣的双手上。将腿曲起，使脚后跟位于膝盖上方。
- 将大腿稍稍抬起离开地面。将这种张力保持一小会儿，然后将腿向地面放下，膝盖不能碰到地面。
- 之后再将腿上举。

小知识：

什么蛋白质是有益的

乳清蛋白适合在训练之后摄取，因为它有很高的营养价值，并且含有对肌肉增长很重要的氨基酸。而酪蛋白对减肥很有用，这种蛋白质分解很慢，因此适合晚上在训练之后作为“最后一餐”摄入。大豆蛋白中含有相对较多的脂肪，因此与减肥餐一起摄入才合适。理想的是“乳蛋白分离物”，它将乳清蛋白和酪蛋白的优点合为一体。

10.17 跪撑腿弯举

锻炼腿部和臀部肌肉，另外锻炼下背部

× 四肢着地。双手在肩膀正下方支撑住身体，手掌平行向前。

小建议：

适合初学者的替代方式

您也可以在一张桌子上完成这一练习。俯卧在一张结实的桌子上，两手紧紧抓住桌子边缘，脚尖着地稳站在地面上。

× 将右大腿抬起，使它与地面平行。大腿和小腿呈 90 度直角，脚底指向天花板。

× 背脊保持挺直，头部在脊椎的延长线上。目光投向地面。

× 腿屈起向天花板的方向做小幅度的上下运动。

× 注意动作的整个过程中呼吸平静均匀。

× 现在抬起右腿，将它向后伸直。脚尖收起。

× 将这个动作保持大约 10 秒钟。放下这条腿，换一条腿练习。

小建议：

蛋白粉

买蛋白粉的时候始终要看一看配料表。注意它们的顺序：某个元素越是排在后面，它的含量就越少。当您不确定时，最好买乳清蛋白，因为它含有最高营养价值。蛋白质应该冷加工，因为加热超过 80 度以后，蛋白质就变质了，包装上应该会标明。如果没有标示，那么说明已经被热加工过了。也就是说，别去碰啦。

10.18 侧卧外侧抬腿

锻炼臀部肌肉和外展肌

× 侧面平躺，头枕在下面的手臂上。上面的手臂在胸前支撑。

× 将下面的腿稍稍弯曲。臀部保持挺直。

× 现在将上面的腿抬起一些，并且尽可能地向后伸。

× 现在将这条腿向上张开，再放下。

× 注意，动作不要过猛，并且保持臀部的重心。腿向上伸出的姿势不变。

10.19　侧卧内侧抬腿

锻炼内收肌

- 侧面平躺，头枕在下面的手臂上。上面的手臂支撑在胸前。
- 将上面的腿稍稍弯曲，放在身体前面的地上。臀部保持挺直。
- 下面的腿伸直，并尽可能地离开地面向上抬起。在整个过程中脚尖收起。
- 再放下下面的腿，但不要完全放平在地面上。

小知识：

两种抽筋类型

1. 在静止的状态发生抽筋说明电解质的平衡发生了紊乱，尤其是在高强度运动之后。这可能是由于大量出汗造成钠和镁缺失而引起的。
2. 在用力的时候发生的抽筋（也叫强直）可能是因为电解质的不平衡调整得过慢，引起失调造成的。

抽筋时神经肌肉组织的恢复再生是很重要的。

小建议：

增加难度的替代练习

如果您在练习时将脚后跟稍稍抬起一些，就可以顺带锻炼您的腓肠肌。如果您觉得这个练习太过容易，可以找一个双肩包随意塞一些填充物，将其放在骨盆处，作为额外的负重。

10.20 桥式髋部上抬

锻炼大腿后侧和臀部肌肉

- 坐在地上。手臂伸直，双手放在左右两侧（或是稍微向后靠一些）。手指朝双脚的方向。
- 双腿屈起约45度角，双脚与臀部同宽平放在地面上。抬起臀部，向上前方顶起，直到身体水平，臀部绷紧。
- 腿部弯曲成90度直角，双臂几乎伸直，保持这样的姿势10秒钟。
- 然后慢慢将臀部放下，但不要使臀部接触地面。

10.21　杰克式跳跃（开合跳）

锻炼腿部肌肉，促进耐力

× 身体站直，目光向前。双脚并拢。

× 手臂垂在身体两侧，手掌贴着大腿。

× 从地面轻松地跳起，同时将双腿打开，打开幅度比肩膀略宽。跳起的同时快速地将手臂从外侧上举至头部上方，手掌相对。

× 落地时两腿分开，脚前掌着地。

× 跳跃回到开始时双脚并拢的姿势，完成动作。

小建议：

减肥混合饮料

酪蛋白是理想的减肥蛋白质。可惜它往往难以消化并容易引起胀气。对运动员来说这实在“不太舒服”。一种理想的、易消化的替代品是低脂凝乳。而从一杯美味的凝乳（250克）、一杯无汽矿泉水和一个香蕉混合而成的饮料中，共可以获得30克酪蛋白。

10.22 高抬腿

锻炼腿部和臀部肌肉，增强耐力

× 双腿分开站立与臀部同宽，身体保持挺直。

× 目光向前投射。手臂在身体两侧垂下。

× 现在从一条腿跳到另一条腿，交替时尽量抬高膝盖，最好抬到臀部的高度。同时每次由前脚掌着地。手臂随之挥动。

× 您这个练习完成的速度越快，训练效果就越好。

10.23 向内—向外—转动

锻炼髁关节周围的肌肉

× 坐在一张椅子上，脱去鞋子。

× 现在把注意力完全集中，将脚的外边缘最大限度向外侧上转动。

× 接着您再将脚的内边缘最大限度向内侧上转。

× 均衡地进行向内向外转的动作。

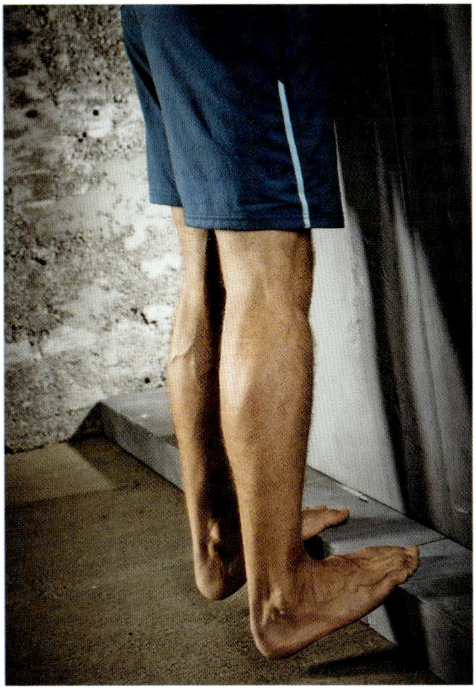

10.24　小腿后侧肌群训练

锻炼小腿后侧肌群

- × 找一块靠墙的空地。将身体重心移到您的双脚的前半部分。
- × 需要的话可以用手扶墙。
- × 慢慢地用力向上踮起脚尖。
- × 保持这个姿势一小会儿。然后慢慢地、控制力度放下脚后跟，不要碰到地面。
- × 单腿站立练习这个动作。
- × 找一个台阶，只用前脚掌站在台阶上，使脚后跟继续向下沉。

小建议：

脱鞋

为了让您在小腿后侧肌群训练和胫骨训练中站得更稳，最好光脚练习。

如果您想增加训练强度，可以根据您的能力背一个双肩包（5–20 千克）来进行练习。

10.25　胫骨训练

锻炼胫骨肌肉

- 用脚后跟站在台阶上，脚前掌悬在空中。
- 将脚尖向前下沉，然后再最大限度地抬起脚尖。
- 注意，膝盖不要完全挺直。需要的话您也可以扶着其他物体。
- 如果想要增加难度，您可以练习用单腿完成动作。

10.26　脚跟及脚尖行走

锻炼小腿肌肉，促进血脉通畅

- 身体直立，双脚与臀部同宽站在地上，紧绷腹部和臀部肌肉。
- 将体重移到脚后跟，将脚尖收起。
- 在原地用脚后跟走路并保持平衡。
- 将体重移到脚尖，并且在原地用脚尖走路。

第十一章　身体稳定性练习

11.1　单手侧支撑

- 侧身躺下，两腿伸直，用一只手撑在地上，手臂几乎伸直，身体上方的手臂叉腰，或者向天花板方向伸直（更难）。
- 抬起臀部，伸直双腿，使您的整个身体在一条线上，就像一块板一样侧放着。
- 将上面的腿大幅打开，并将这个姿势保持至少 30 秒钟。

小建议：

综合性练习

身体的稳定性练习当然与针对单块肌肉的练习效果一样。这些训练的反应是深层次的，稳定性的肌肉无法有意识地进行收缩。

11.2 蜘蛛式俯卧撑

- 做俯卧撑的姿势：两腿稍稍分开，两手尽可能靠近胸口。
- 手臂弯曲的时候，抬起一条腿，让腿从侧面向手臂方向曲起。
- 伸直手臂，放下腿，然后换一侧练习。

小知识：

最好的蛋白质来源（1）

您知道火鸡含有的蛋白质比牛肉多，而海藻是蛋白质来源中的超级明星吗？下面您会看到，各种食物要吃多少才能获得20克蛋白质：

- 海藻30克；
- 羊排或火鸡75克；
- 鸡胸肉、蚕豆各75克；
- 花生（炒熟/盐水煮熟）80克；
- 奶酪片、鳟鱼、烤牛肉90克；
- 小牛肉、鲽鱼、金枪鱼、梭鲈鱼、干豆100克。

11.3　交替单手俯卧撑

- 在练习垫上做出俯卧撑的姿势。
- 按照习惯弯曲手臂。在手臂撑直之后将另一只手放在背上，保持这个姿势。
- 再继续用两只手臂下沉身体，慢慢地完成俯卧撑。在做下个俯卧撑时，手臂伸直之后再将另一只手放在背上。

小知识：

最好的蛋白质来源（2）

- 海虾、沙丁鱼各 105 克；
- 莫扎里拉奶酪、鸭肉、鲱鱼、鲑鱼、杏仁各 110 克；
- 低脂凝乳、明太鱼、腰果、开心果各 115 克；
- 鳕鱼、鳎鱼、鲽鱼各 120 克；
- 章鱼、墨鱼、藜栗各 130 克；
- 苋菜 135 克；
- 巴西坚果 140 克；
- 鸡蛋、全麦面粉食物、核桃（炒熟/盐水煮熟）各 150 克。

小建议：

变化

如果您觉得手臂完全伸直的侧卧撑有点太累的话，也可以减轻难度，用手肘支撑身体完成侧卧撑。

11.4 组合式单手侧支撑

- 先摆出侧卧撑的姿势，手臂几乎伸直。上面的手臂向上伸直。
- 现在将上面的手臂穿过下侧腹。然后转回开始的姿势。
- 用上方的手臂和上方的腿做一个卷腹的动作——将侧面的手臂和腿弯曲起来，使侧面的躯干肌肉收缩，然后回到开始的姿势。
- 上方的手臂叉腰。抬起、放下臀部。
- 现在换一侧从头开始。

11.5 手掌手肘交替俯卧撑

- 做出俯卧撑的姿势。手肘微微弯曲。
- 然后用手肘撑地做俯卧撑的姿势，然后再恢复到传统的俯卧撑姿势。
- 试着流畅地进行姿势转换。

11.6　“跳起—下蹲”动作

- 做深蹲的动作，双臂向前平伸，手掌向下。
- 爆发性地向上伸展，使双脚弹跳离地。同时双臂顺势向上摆至头部上方。
- 然后直接以深蹲的姿势落地，手臂前举。
- 整个动作中后背保持挺直。
- 弹跳动作不仅要高，而且要尽量地远。

小建议：

乳清蛋白制品对肌肉增长有益

对肌肉增长特别重要的是L-缬氨酸、谷氨酸和亮氨酸。尤其亮氨酸，它对肌肉有一种直接的促增长效果。其他的氨基酸如甲硫氨酸、精氨酸和甘氨酸则直接参与到肌酸的加工过程中，这对肌肉中的能量生产过程非常重要。乳清制品中含有大量这些重要的氨基酸，因此它是训练后的理想营养品。

小知识：

营养补充剂

很多运动员都偏爱营养补充剂。但摄入太多维生素和矿物质是有害的。您知道吗？摄入太多维生素C会引起腹泻。摄入太多维生素B会导致心悸、盗汗或瘙痒。所以对这些“看上去很美”的产品，您应该保持谨慎的态度，因为维生素也有副作用。你不如多吃一些美味的水果和蔬菜。

11.7 登山者

- 从俯卧撑的姿势开始。
- 注意在整个动作中，肘部微微弯曲。
- 将一条腿向前伸到胸口下方，再回到后方。
- 当腿向后伸直的时候，将前腿的膝盖向前提伸到胸口下方。前脚掌接触地面。
- 要是想练习得多些，可以将前脚掌向外放到双手处，或者两腿同时向前跳一小步成蹲式，然后再向后伸直。

小知识：

何时摄入蛋白质

如果您和大多数人一样在下午或者傍晚时分锻炼肌肉，这最符合生物规律和一般的生活习惯。因为之后就是晚饭时间，肌肉马上就会得到合适的原材料：蛋白质。您应该尽可能地在训练后接下来的两个小时内补充蛋白质，因为在这个阶段您的肌体能最好地利用蛋白质进行肌肉建造。我们称这一过程为“合成代谢的窗口”。

11.8 爬行者

- 从站直的姿势出发，双腿微弯或挺直，向前倾身，用与肩同宽的双手在地上前行至俯卧撑的姿势。然后稳定在这个姿势，两腿伸直。
- 然后慢慢地用两脚向前行到双手的位置，然后直起身来。
- 接下来将这一动作重来一遍。

11.9　面壁徒手倒立

× 背靠墙壁蹲下，双手与肩同宽撑在面前的地上。

× 光脚向后在墙壁上尽可能高地上行，直到身体成一条直线。保持这一姿势。

× 慢慢地向下走回到双手处。

小知识：

合成代谢的窗口

在大负荷高强度的训练之后，肌体在两个小时之内比其他时间能更好地利用蛋白质进行新陈代谢和肌肉生长。运动科学家们将这一阶段称为“合成代谢的窗口”。“合成”这一概念表明了物质代谢的过程，即组织生成。分解的过程称为“分解代谢”。最新的研究认为，合成代谢的的窗口可能在训练中就已经打开了。相应地，在运动之前就吃一点清淡的蛋白质点心，在运动中营养物就能够被利用。

11.10 面壁倒立推举

- 背靠墙壁蹲下，双手与肩同宽撑在地上。
- 光脚向后在墙壁上尽可能高地上行，直到身体成一条直线。
- 保持这一姿势，并倒立着弯曲、挺直手臂，做俯卧撑的动作。
- 慢慢地向下走回，直到您回到开始的姿势。

11.11 单腿平衡式

- 保持站直的姿势，单腿站稳。
- 上半身前倾，手臂向前在身体的延长线上伸出。
- 在此同时，向后伸直腾空另一条腿，直到身体变成水平姿势为止。
- 不着地的腿、上半身，以及在身体延长方向的双臂都在水平的位置上。
- 保持这一姿势，然后换一侧进行练习。

11.12　平板支撑抬腿举臂

× 俯卧在练习垫上。

× 用小臂将身体撑起。将身体抬起，直到头部、背脊和双腿形成一条对角线。脚尖竖起。

× 现在抬起左臂和右腿以对角线伸直，离开地面，保持这一姿势。

× 注意重心保持在身体中心，呼吸要均匀。

小建议：

身体碰到冷水时会首先将水加热，这时会加速身体的物质代谢。因此，我们在热的时候喝冰冷的饮料会出更多的汗。温水会好一些——在热带地区人们喝热茶，这不是没有原因的。

小建议：

蛋白质饮料购买小提示

如果在蛋白饮料的包装上有“已水解”或者“水解产物”的字样，就说明该蛋白质已经用生化酶处理过，也就等于被预先消化过了。这些产品您就可以放弃了。

最好的生产方法是“十字流微滤”（CFM），在这种方法中，蛋白质最重要的“细胞保护”和“刺激抵抗力”的特质都被保留下来了。

11.13 双手上下交错俯卧撑

- 先做出俯卧撑的姿势。
- 将一只手放在肩部上，一只手在肩膀下，都平放在地面上。
- 身体在整个过程中保持挺直像一块平板。在身体中部保持张力。
- 将双臂弯曲，放下身体，然后再伸展手臂。同时手肘始终保持一定的曲度。

11.14 超级单手侧支撑

- 先进入俯卧撑的姿势（见第 54 页）并完成一个俯卧撑的动作。
- 将左臂抬起，同时向上转体成右侧撑的姿势。
- 保持这一姿势。左臂向天花板方向伸直。
- 接下来回到俯卧撑的姿势，并完成一个俯卧撑的动作。
- 然后转向左侧，成左侧撑的姿势。
- 保持这一姿势。

小建议：

按生物节奏安排饮食

符合新陈代谢的饮食就是按生物节奏来安排饮食。对此，您最好按以下规则来分配一天中所需的营养物：

- 早餐食用碳水化合物：身体，尤其是大脑在这个时间需要能量，可食用麦片和全麦面包，两者都带一点脂肪。
- 中午食用混合食物：现在必须吃带维生素和能量的大量蔬菜和沙拉，加上土豆、全麦面条或大米、一小份鱼或肉。
- 晚餐食用蛋白质：夜间是身体休息和进行修复的必要阶段。在此期间身体需要蛋白质。

11.15 蝎子式俯卧撑

- 先进入俯卧撑的姿势。
- 慢慢地弯曲手臂，同时要特别收紧腹部。
- 现在将身体大部分重量压在双手上，同时将一条腿（腿弯曲着）越过另一条腿向后，尽量远地向背后伸。臀部和上半身一起稍稍翻转。
- 需要注意的是，肩膀不要跟着一起转，负重不要太大。收住张力，不要失去重心。
- 接下来将脚放回地面，并伸展手臂。
- 下一轮动作换一条腿练习。
- 如果用前臂支撑身体，这个练习会简单一些。

第十二章 训练综合单元

12.1 迷你锻炼单元

1. 高抬腿（见第 110 页）

1 组 / 重复 30 次 / 休息间隔 30 秒钟

2. 双臂反屈伸（见第 32 页）

1 组 / 重复 20 次 / 休息间隔 30 秒钟

3. 拉伸手臂（见第 44 页）

1 组 / 重复 20 次 / 休息间隔 30 秒钟

4. 屈膝卷腹（见第 61 页）

1 组 / 重复 20 次 / 休息间隔 30 秒钟

5. 弓步压腿（见第 93 页）

1 组 / 每侧各重复 15 次 / 休息间隔 30 秒钟

6. 超人式（见第 77 页）

1 组 / 每侧各重复 15 次 / 休息间隔 30 秒钟

7. 手掌手肘交替俯卧撑（见第 118 页）

1 组 / 重复 20 次 / 休息间隔 30 秒钟

12.2 一级健身单元

1. 俯卧撑（见第 54 页）

第 1 至第 4 周

3 组 / 各重复 15 次 / 休息间隔 30—40 秒钟

第 5 至第 8 周

3 组 / 各重复 20 次 / 休息间隔 30 秒钟

2. 仰卧划船（见第 50 页）

第 1 至第 4 周

3 组 / 各重复 15 次 / 休息间隔 30—40 秒钟

第 5 至第 8 周

3 组 / 各重复 20 次 / 休息间隔 30 秒钟

3. 仰卧卷腹平衡式（见第 58 页）

第 1 至第 4 周

3 组 / 各重复 15 次 / 休息间隔 30—40 秒钟

第 5 至第 8 周

3 组 / 各重复 20 次 / 休息间隔 30 秒钟

4. 侧弓步（见第 99 页）

第 1 至第 4 周

3 组 / 每侧各重复 15 次 / 休息间隔 30—40 秒钟

第 5 至第 8 周

3 组 / 每一侧各重复 20 次 / 休息间隔 30 秒钟

5. 俯卧撑劈砍（见第 81 页）

第 1 至第 4 周

3 组 / 各重复 15 次 / 休息间隔 30—40 秒钟

第 5 至第 8 周

3 组 / 各重复 20 次 / 休息间隔 30 秒钟

6. 面壁徒手倒立（见第 123 页）

第 1 至第 4 周

3 组 / 各重复 15 次 / 休息间隔 30—40 秒钟

第 5 至第 8 周

3 组 / 各重复 20 次 / 休息间隔 30 秒钟

12.3 二级健身单元

1. 滑行俯卧撑（见第 55 页）

第 1 至第 4 周

3 组 / 各重复 12 次 / 休息间隔 30—40 秒钟

第 5 至第 8 周

3 组 / 各重复 15 次 / 休息间隔 30 秒钟

2. 俯身提背（见第 49 页）

第 1 至第 4 周

3 组 / 各重复 12 次 / 休息间隔 30—40 秒钟

第 5 至第 8 周

3 组 / 各重复 15 次 / 休息间隔 30 秒钟

3. 仰卧扭转卷腹平衡式（见第 58 页）

第 1 至第 4 周

3 组 / 各重复 12 次 / 休息间隔 30—40 秒钟

第 5 至第 8 周

3 组 / 各重复 15 次 / 休息间隔 30 秒钟

4. 相扑式下蹲（见第 100 页）

第 1 至第 4 周

3 组 / 各重复 12 次 / 休息间隔 30—40 秒钟

第 5 至第 8 周

3 组 / 各重复 15 次 / 休息间隔 30 秒钟

5a. 手掌手肘交替俯卧撑（见第 118 页）

第 1 至第 4 周

3 组 / 各重复 12 次 / 休息间隔 30—40 秒钟

5b. 组合式单手侧支撑（见第 116 页）

第 5 至第 8 周

3 组 / 各重复 15 次 / 休息间隔 30 秒钟

6. 蜘蛛式俯卧撑（见第 114 页）

第 1 至第 4 周

3 组 / 各重复 12 次 / 休息间隔 30—40 秒钟

第 5 至第 8 周

3 组 / 各重复 15 次 / 休息间隔 30 秒钟

7. 波比式（见第 80 页）

第 1 至第 4 周

3 组 / 各重复 12 次 / 休息间隔 30—40 秒钟

第 5 至第 8 周

3 组 / 各重复 15 次 / 休息间隔 30 秒钟

8. 侧卧抬腿（见第 72 页）

第 1 至第 4 周

3 组 / 各重复 12 次 / 休息间隔 30—40 秒钟

9. 跪撑腿弯举（见第 104 页）

第 1 至第 4 周

3 组 / 各重复 12 次 / 休息间隔 30—40 秒钟

第 5 至第 8 周

3 组 / 各重复 15 次 / 休息间隔 30 秒钟

12.4 塑身单元

1. 近距俯卧撑（见第 33 页）

2 组 / 各重复 8 次 / 间隔休息 30 秒钟

2. 反向卷腹（见第 63 页）

2 组 / 各重复 8 次 / 间隔休息 30 秒钟

3. 转体触膝卷腹（见第 65 页）

2 组 / 各重复 8 次 / 间隔休息 30 秒钟

4. 仰卧顶髋垂直举腿（见第 64 页）

2 组 / 各重复 8 次 / 间隔休息 30 秒钟

5. 侧卧内侧抬腿（见第 107 页）

2 组 / 各重复 8 次 / 间隔休息 30 秒钟

6. 组合式单手侧支撑（见第 116 页）

2 组 / 各重复 8 次 / 间隔休息 30 秒钟

7. 俯卧腿弯举（见第 103 页）

2 组 / 各重复 8 次 / 间隔休息 30 秒钟

12.5 背部锻炼单元

1. 点头转颈（见第 40 页）

3 组 / 各重复 15 次 / 间隔休息 30—60 秒钟

2. 蹲姿上举（见第 45 页）

3 组 / 各重复 15 次 / 间隔休息 30—60 秒钟

3. 肩部伸展（见第 48 页）

3 组 / 各重复 15 次 / 间隔休息 30—60 秒钟

4. 仰卧交叉触膝（见第 60 页）

3 组 / 各重复 15 次 / 间隔休息 30—60 秒钟

5. 反向卷腹（见第 63 页）

3 组 / 各重复 15 次 / 间隔休息 30—60 秒钟

6. 仰卧灵活顶臀（见第 66 页）

3 组 / 各重复 15 次 / 间隔休息 30—60 秒钟

7. 游泳式挺身（见第 69 页）

3 组 / 各重复 15 次 / 间隔休息 30—60 秒钟

8. 核心肌群卧撑（见第 84 页）

3 组 / 各重复 15 次 / 间隔休息 30—60 秒钟

9. 跪撑侧抬腿（见第 102 页）

3 组 / 各重复 15 次 / 间隔休息 30—60 秒钟

10. 平板支撑抬腿举臂（见第 125 页）

3 组 / 各重复 15 次 / 间隔休息 30—60 秒钟

12.6 减肥单元：第 1—3 周

1. 高抬腿（见第 110 页）

60 秒钟 / 间隔休息 40 秒钟

2. 跪撑举臂（见第 43 页）

3 组 / 各重复 15 次 / 间隔休息 40 秒钟

3. 高姿俯卧撑（见第 55 页）

3 组 / 各重复 15 次 / 间隔休息 40 秒钟

4. 仰卧交叉触膝（见第 60 页）

3 组 / 各重复 15 次 / 间隔休息 40 秒钟

5. 臀部扭转（见第 90 页）

3 组 / 各重复 15 次 / 间隔休息 40 秒钟

6. 跪撑腿弯举（见第 104 页）

3 组 / 各重复 30 次 / 间隔休息 40 秒钟

7. 登山者（见第 120 页）

3 组 / 各重复 15 次 / 间隔休息 40 秒钟

12.7 减肥单元：第 4—8 周

1. 交替跳起—弓步（见第 100 页）

3 组 / 各重复 20 次 / 间隔休息 30 秒钟

2. 跪撑举臂（见第 43 页）

3 组 / 各重复 20 次 / 间隔休息 30 秒钟

3. 高姿俯卧撑（见第 55 页）

3 组 / 各重复 20 次 / 间隔休息 30 秒钟

4. 仰卧交叉触膝（见第 60 页）

3 组 / 各重复 20 次 / 间隔休息 30 秒钟

5. 游泳式挺身（见第 69 页）

3 组 / 各重复 20 次 / 间隔休息 30 秒钟

6. 臀部扭转（见第 90 页）

3 组 / 各重复 20 次 / 间隔休息 30 秒钟

7. 登山者（见第 120 页）

3 组 / 各重复 20 次 / 间隔休息 30 秒钟

8. 俯卧腿弯举 （见第 103 页）

3 组 / 各重复 20 次 / 间隔休息 30 秒钟

9. 超人式（见第 77 页）

3 组 / 每侧各重复 20 次 / 间隔休息 30 秒钟

第四部分

肌肉需要营养

蛋白质，蛋白质，蛋白质——谁要是想通过补充营养来为肌肉的增长提供支持，初步了解之下都会找到“补充蛋白质”这一答案，而且人们往往会为你推荐一些饮料、蛋白粉或饼干等合成产品。因为厂商们早就发现了健身者的这一需求，并且通过不同的商品来促进这种需求。事实上这是对的：蛋白质对肌肉组织的生长是不可或缺的，不过这并不是说，应该过量摄入蛋白质，也不是说，蛋白质是肌肉唯一的重要组成物质。因为肌肉包含在我们整个机体和新陈代谢的复杂系统之中，因此也依赖于所有营养成分。为了使您不被蛋白质神话所影响，应该根据训练合理膳食，我们来仔细地看看适合肌肉的最佳营养方案。

第十三章　主要营养物

碳水化合物、脂肪和蛋白质——这是我们身体每天都大量需要的三种基本营养成分。此外还有所谓的营养素，即维生素、矿物质和微量元素，虽然只需很少的量就能满足身体的需要，但它们却是不可缺少的。我们的机体在这些物质的支持下才能够完成相应的任务：从心脏跳动到睡眠中的呼吸，从细胞更新到肌肉合成，从思考复杂的问题到完成家务、运动及其他事情。您怎么才能获取这些混合的营养成分呢？非常简单：通过平衡的饮食！字面上的意思就是：少吃一些糖分和短链碳水化合物，如快餐和白面粉制作的食物，而应该食用大量蔬菜、水果、豆类和全麦食品。所有的食物要尽可能地变换着吃，并搭配鱼或肉类。

13.1　碳水化合物：能量的供应者

碳水化合物有如此糟糕的声誉实在是太冤枉了。正是它，从早餐开始就给我们提供可靠的能量，这些能量是我们的身体，尤其是我们的大脑应付一天的工作及训练所需要的。因此，麦片和面包，是一天最完美的开始。这些复合碳水化合物消化后变成所谓的单糖，即葡萄糖分子。作为可溶于水的营养成分，它们能够直接被小肠吸收，从而进入血液，并作为燃料迅速直达所需部位。

值得推荐的首先是长链的“慢性子”碳水化合物。它们之所以“慢”，是因为机体需要相对多的时间才能把它们变成葡萄糖。这有三大好处：

- 在更长时间内感到饱腹；
- 使血糖反应保持在低水平；
- 能摄取更多的营养素。

您首先可以通过食用全麦面包、大米、全麦面条、新鲜粗粮粥、麦片以及蔬菜水果等获益，也就是说食用血糖升值指数（这个指数能显示营养物质让血糖水平升高的速度：数值越高，速度越快）较低的碳水化合物。另外，大多数含有“慢”碳水化合物的食物也含有大量的纤维素，这是一种能有效促进消化的物质，同时能够帮助降低患二型糖尿病或肠癌的风险。

食用太多也没用

不管来源于何处，多余的碳水化合物不会被身体排出，而是会为了应付饥饿而储存起来，储存在肝和不受人欢迎的脂肪层中。如果您想要通过肌肉训练获得好的体形，您就不应该吃高于您身体所需的碳水化合物。碳水化合物消耗量大概是您整个卡路里消耗的30%到40%，即如果整个消耗为2,500卡路里的话，需要碳水化合物800到1,000卡路里。特别是如果您要想减肥的话，就绝不能超过这个量了。

小建议：

用慢速消化取代快速消化的碳水化合物

通过小小的改变来调整自己的饮食，调整为慢速消化碳水化合物饮食。

13.2　脂肪：必需而繁多

能量供应者、建筑材料、营养快车、调味师、能量储存器——从脂肪在我们的机体中承担的任务的多样性上，您就可以了解到，放弃脂肪是多么不合理了。脂肪是一种不可或缺的基本营养物质，它是如此重要，以至于在缺少它的时候，身体会从碳水化合物和蛋白质中自行生产脂肪。没有脂肪就不会长头发、指甲、细胞膜。脂肪对于吸收维生素A、D、E、K也是必需的，因为与其他维生素不同，这几种维生素是不溶于水而溶于脂肪的，只能依靠脂肪进行运输。味道也是脂溶性的，所以当一道菜里加了脂肪，才会真的好吃。因此非常多的食物里加一点儿脂肪就会变得更好吃。

在皮下组织中，天然脂肪能保护身体的体温，对细胞之间的交流以及运作免疫系统来说，脂肪也是必要的前提。所以人们可以得出结论，正确的脂肪摄入量甚至可以预防心脏疾病，而过量摄入脂肪则相反会促进疾病的产生。

不过脂肪首先是一等的能量来源，一克脂肪所拥有的热量不像碳水化合物或是蛋白质那样只有 4.1 卡路里，而是它们的两倍还要多：9.3 卡路里。不过也正是出于这个原因，摄入太多脂肪很快就会在臀部囤积起来。因为脂肪能够很好地储存在身体里，尤其是当已有的脂肪储备满了以后，身体会马上增加一个新的脂肪细胞。而一旦脂肪在那里形成，就不会消失。因此建议您，不要完全放弃脂肪的摄入，但是摄入绝对不能过量，而且要优先考虑摄入“好的”脂肪。

脂肪和脂肪是不一样的

脂肪是由甘油和三种脂肪酸组成的，而脂肪酸又是由碳氢化合物和氢合成的。然而脂肪酸的结构在细节上是不尽相同的：如果碳氢链上所有的键都由脂肪酸占据，就称之为饱和脂肪酸——而如果还有一个或多个键空着——我们就称之为单不饱和脂肪酸或多重不饱和脂肪酸，它们也常常被称为“优质”脂肪。根据这些空键的多少以及它们的位置，化学家把它们命名为 ω-3、ω-6，或 ω-9 脂肪酸。

过去很长时间以来，饱和脂肪酸，例如黄油，被认为是有害的物质而遭到唾弃。现在我们了解到：我们的身体需要三种脂肪酸——饱和脂肪酸、单不饱和脂肪酸以及多重不饱和脂肪酸。普通老百姓恰恰会摄入较多饱和脂肪酸，而饱和脂肪酸又是身体自身可以合成的，所以应该优先食用不饱和脂肪酸。至于不同脂肪之间的最佳比例是什么，至今仍没有经过科学论证。如果在您的饮食计划中，每周吃一次比较肥腻的鱼类，如三文鱼、鲭鱼和鲱鱼，烹饪和拌沙拉时使用橄榄油、菜籽油、核桃油、豆油、亚麻籽油和大麻籽油，您的健康需求肯定能得到满足，因此就不用费心去计算了。

无论如何：您的饮食中脂肪比例绝对不能超过 40%。

13.3 蛋白质：肌肉铸造师

蛋白质是所有肌肉运动员的最爱，这不是没有原因的：它的确是参与肌肉合成非常重要的原材料。在一次充分的训练之后，当您的肌肉感觉到高度燃烧，这时在显微镜下可以观察到，肌肉纤维中产生了细小的裂缝，您的肌体必须修复这些裂缝。这就要通过蛋白质来“黏合”这些空隙。这样，肌肉就稍微厚实了那么一点点。随着时间的增加，肌肉会先变得紧绷，然后变得更大。不过蛋白质还在我们身体中承担其他的功能：它对细胞组成、细胞的新陈代谢、激素系统都非常重要，对我们的酶和免疫系统也是不可或缺的。

氨基酸：蛋白质的基石

蛋白质由20种不同的“基石”组成，它们就是所谓的氨基酸。如果其中有一种氨基酸成分太少的话，就注定了其他所有氨基酸不能被用来合成蛋白质，而是会自动分解！而这又会继续加快消耗和分解的过程。

必须注意：

我们的身体能自己生产超过一半的氨基酸，但有8种是不能自己生产的：这些氨基酸我们称为必需氨基酸——当然，它们碰巧就是那些肌肉生长所需的代谢蛋白质——我们必须通过饮食来摄入：

- 赖氨酸
- 色氨酸
- 苯丙氨酸
- 甲硫氨酸
- 苏氨酸
- 异亮氨酸
- 亮氨酸
- 缬氨酸

对于这些氨基酸，我们无需服用营养粉、药丸或饼干。豆类（扁豆、豆角、豌豆）、鱼、肉、坚果、鸡蛋和奶制品（奶酪、凝乳、酸奶）都富含这些氨基酸，也就是说，通过健康平衡的饮食就能毫无困难地满足您的蛋白质需要。对普通的运动员来说，每天需要：

- 40岁：每千克体重需要1克蛋白质；
- 40—50岁：每千克体重需要1.5克蛋白质；
- 50岁以上：每千克体重需要1.8至2克蛋白质。

这不仅适用于肌肉训练，同样也适用于耐力训练。

小知识：

素食主义者也没什么问题

所有的必要氨基酸也都可以从植物中获取，出于这个原因，通过摄取合适的来自大豆和羽扇豆的植物蛋白的组合，肌肉也能够得到足够的营养供给。

小建议：

非必需氨基酸

以下这些蛋白组成的物质可以由身体从平衡的饮食中自行生产：

- 甘氨酸；
- 丙氨酸；
- 脯氨酸；
- 酪氨酸；
- 丝氨酸；
- 半胱氨酸；
- 天冬酰胺；
- 谷氨酰胺；
- 天冬氨酸；
- 谷氨酸。

通过肌酸获得更多能量

因为氨基酸代谢的垃圾产物影响着肌肉组织中的能量转化过程，而肌酸能够在短期内、最大化无氧呼吸的负重并在迅速的频繁重复动作时提高肌肉的功能，比如说短跑、弹性运动（如扔标枪或跳台滑雪）。不过我们每天只需要4至5克这种蛋白合成物。而这已经包含在我们普通的饮食当中了。

额外摄入人工合成的肌酸常常会导致大面积的皮下积水，在肌肉训练中这会产生"海绵"一样的效果——而这是您不愿看到的！

通过牛磺酸获得更多力量

非蛋白质，但由自由氨基酸硫基丙氨酸和必需氨基酸甲硫氨酸的分解产物，就是牛磺酸。研究表明，这种物质能够加强白肌纤维，从而增加力量。据猜测，原因在于牛磺酸的抗氧化作用，能够起到保护细胞的作用。自由氨基酸丙氨酸和二肽基肽酶似乎也有类似的功效。

重要的是蛋白质的多样性和质量

您要注意始终从不同的食材摄入蛋白质，因为营养的多样性会提高蛋白质摄入的质量和价值。同时要增长肌肉最好每餐都摄入蛋白质。每顿饭至少摄入30克蛋白质。当然您不必每一餐都按标准进行。

早上在训练之前

早上喝能够快速消化的蛋白质，如牛奶、酸奶和凝乳比较好。这同样适用于训练之后的阶段，因为这时候的蛋白质需求量最大。为了优化运动后蛋白质摄入的效果和速度，您应该把蛋白质和碳水化合物混合在一起吃。因为通过碳水化合物释放的激素，也同样能加快蛋白质的消化。氨基酸能够更快地传递到肌肉纤维中去。在上床睡觉之前，您最好摄入"慢速"消化的蛋白质，使身体在夜间能长时间消化氨基酸。适合的食物首先是蔬菜、豆类（比如兵豆）、藜麦、苋菜或者是奶酪。同时您应该尽量避免碳水化合物，吃蛋白质的时候最好与脂肪一起吃。

在训练之后

在训练之后较受欢迎的是所谓的乳清蛋白（乳制品蛋白），因为它是含有最高营养价值的蛋白质。它能很好地被消化，而且肠胃吸收得也非常快。对运动员来说，这种蛋白质非常完美，因为在摄入30分钟之后其成分就能够在血液循环中被检测出来。而素食者经常选用黄豆中提取出的大豆蛋白。大豆蛋白中含有几乎所有重要的氨基酸，同时又不含任何胆固醇和乳糖。

小建议：

要厚实的肌肉——我的蛋白质菜单

这本书的大部分读者对于目前提到的关于蛋白质的内容都能非常清楚地理解：结合所描写的训练与平衡的饮食，您会拥有更多肌肉和紧致、线条优美的身材。只有那些还想向健美方向发展的人才真正需要每天额外摄入蛋白质。

如果您属于这一类读者，您应该试试我专为您定制的蛋白质菜单：

在训练之后很受欢迎的是所谓的乳清蛋白（乳制品蛋白），因为它是含有最高营养价值的蛋白质。它很好消化，而且肠胃吸收也非常快。对运动员这是非常完美的，因为它在摄入30分钟之后就能够在血液循环中被检测出来。在训练之后，很多运动员都将它与人工合成的肌酸组合摄入。但是这其实是不必要的：如果您饮食多样而且平衡，您食用的食物——像已经提到的那样——已经含有足够提供能量的肌酸了。

× **早餐：**

三个炒鸡蛋配意大利新鲜香料或300克大豆酸奶加5克燕麦片。

× **午餐：**

200到250克的火鸡或鸡胸肉配清淡的番茄鲜榨汁，再加50克西兰花、球甘蓝或新鲜的应季蔬菜搭配火鸡鸡胸肉条或是牛排切条加上一个煮鸡蛋以及炒熟的松子。

× **晚餐：**

250克金枪鱼鱼排，在平底锅内快速煎熟，蘑菇、裙带菜（生的）或牛肉；小牛肉冷盘加上帕尔马干酪和橄榄油或咖喱扁豆酱。

这样，您可以用健康的方式摄入很多蛋白质，并且省下了买昂贵的人工合成蛋白质产品的钱。

13.4 最重要的营养素

光是按照正确的计量和组合摄入碳水化合物、脂肪和蛋白质三种主要营养成分是不够的。为了确实发挥它们的效用，我们的机体还需要很多不同的营养素。这些物质包括矿物质、微量元素、维生素、纤维素，以及酶和抗氧化物。它们能使新陈代谢中的化学反应顺利进行或使反应加速。

只有当所有这些物质以合适的比例混合在一起才能使我们身体里的所有程序没有障碍地运作，才能使我们的肌肉能够发挥出最大的能力。

好消息就是：一般来说，平衡的饮食就能使您获得足够的营养。接下来我详细介绍每一种对训练重要的微量营养成分。

矿物质和微量元素

- **铁：**缺铁会导致输送氧气的红色血液小颗粒（血小板）减少。肌肉会因此供氧不足而容易疲劳。
- **锌：**实验证明，锌能够积极影响肌肉的力量及耐力。缺锌总是和肌肉生长萎缩同时出现。因此您应该注意保持锌的摄入量。但是每天摄入量不能超过 15 毫克，因为摄入太多的话，会对 HDL 胆固醇的含量及铜的含量有负面的影响。
- **硅：**硅是一种无毒的半金属，它对结缔组织的合成和弹性有着直接的影响。每天摄入 30 毫克的硅保证了肌肉组织的弹性以及成熟稳定的骨骼结构。

维生素

您应该特别注意维生素 D——一种在阳光照射皮肤的条件下身体自动产生的维生素，它也存在于脂肪含量高的鱼类中。维生素 D 对骨骼代谢有很大的影响，因此大多数人都认为维生素 D 是骨骼增长所必需的。近期的科学研究认为，维生素 D 的缺乏也与肌肉力量的减少有密切的关系，或涉及到肌肉活动的协调过程。因此对运动量较大的运动员来说，每天摄入 20 到 25 毫克维生素 D 是必需的，而且不仅仅是在冬天缺少阳光照射的时候。

营养补充剂：这是必需的吗

我总是一再听说，运动员们会定期服用维生素和矿物质营养补充剂。当然工业发展也在推动这一现象，企业在这方面赚了大钱。但是这并不是必要的，也没有什么意义。如果平衡理性地饮食，就不需要营养补充剂。大多数营养物是不能被身体所吸收的，甚至不会被加工和利用。人工的产物缺少伴生物质，比如纯天然植物产品中含有的次级植物物质，而它对我们的机体通过饮食获得维生素和矿物质是不可缺少的。

13.5　水对肌肉的作用

我们的肌肉组织不仅需要合适的、均衡的营养，也需要足够的水分：只有这样，肌肉、肌腱、韧带、软骨和关节才能保持柔软和弹性！水就是最好的饮料，不仅对运动员，对每个想要保持健康的人来说，都是这样。

饮用足够的水

多喝水能够促进新陈代谢、清理身体、平衡训练出汗所造成的水分流失。另外，水是肌体中的氧气运输工具——训练时您的肌肉需要氧气。因此如果锻炼身体或是工作时肌肉负担很重，必须要多喝水，而且尽量喝不加二氧化碳的水。

因为我们的身体每天通过出汗和排尿要排出大概 1.5 到 2.5 升水分，我们必须至少补充等量的水分。原则是：

- 每千克体重需要 30 毫升水。70 千克体重需要大概 2.1 升水。
- 每小时运动还另外需要半升到一整升水——根据运动量和天气条件而定。

每天均衡饮水是基本的原则，早上在早餐前就应该喝第一杯水。如果您还能做到小口喝，且尽量不喝太冷的，那就完美了。

肌肉训练和酒精

如果要庆祝什么，您当然会喝一杯——毫无疑问！但是如果准备进行一次高强度的训练，或您正在进行令人疲劳的训练，或就在比赛阶段中，最好还是不要喝得太多。到第二天残留的酒精仍然会影响您的反应能力和注意力。特别是疲劳之后如果摄入酒精，身体会恢复得慢得多。因为酒精对身体来说是“毒品”，因此身体将分解酒精作为最优先的任务。所以，请在高强度训练期间远离酒精。

能量饮料、运动员饮料和等渗运动饮料

大量训练的人都能很快地看到成效。因此除了通过有计划的饮食来促进肌肉生长，来自工业生产的“非常靠谱”的能量饮料、运动员饮料和等渗饮料也很诱人。对普通的运动员来说，这些是昂贵而并非必要的饮料。这些饮料的配料中除了水和糖之外，大多数是矿物质和咖啡因、维生素和色素。咖啡因让人兴奋，能促进集中注意力，但能量饮料中的咖啡因要比咖啡或红茶中剂量高，而且它们价格昂贵。其他提神的物质，如牛磺酸、肌醇或者葡糖醛酸内酯都有一定风险，特别是与运动或酒精结合在一起可能会导致心率问题、痉挛或者肾脏损伤。

词汇索引

动作索引

核心肌群训练

臀部和腿部

身体稳定性训练

出版后记

每个人都想拥有健美轻盈的身材，但总是有太多的理由“阻止”我们开始行动。去健身房太麻烦，无法购买昂贵的健身器材，没有时间和精力锻炼……简单的慢跑和伸展运动或许可以让身体保持健康，但对塑造体型来说却没有过多帮助。总之，对大多数人来说，日常的健身难以坚持，也很难达到理想的效果。

来自科隆德国体育学院的英格·弗洛伯斯博士为我们提供了正确而高效的健身方法——不需要用高科技的运动器材，利用体重就能从头到脚进行身体训练！英格·弗洛伯斯博士是世界级的健康科学指导，也是研究人体肌肉的顶级专家，这本书就是他数十年研究与实践的杰出成果。全书以功能训练为基础，全面解析了无器械健身的训练原则和肌肉锻炼的奥秘、方法，同时真实示范了可以在家、在办公室、在路上随时随地都能进行的健身步骤。根据不同读者的需求，作者分别设计了适合初学者、有经验的训练者和专业运动员的 100 多个练习，练习涉及所有人体肌肉群，男女通用。

要知道，想拥有“精瘦强健”的完美体态，不仅需要了解自己的身体，更需要全面刺激肌肉细胞，掌握真正高效科学的健身法则。根据不同的训练目标，读者可以参考本书中不同的运动方案，通过不断地练习提高自己的身体协调性，增强肌肉的力量。同时，本书中有详尽细致的训练单元和富于变化的运动组合，读者可以依循自身条件进行塑身、减肥，也可以通过对相关肌群的精准刺激，真实有效地设计肌肉造型！最为重要的是，这本书中提到的所有健身方案，都对时间、地点没有任何限制，无论是在办公室、在公交站，还是在出差的旅馆，您都可以利用碎片时间随时随地进行身体管理，无需去健身房进行锻炼，您就能成为自己的健身教练！

后浪出版公司

2015年4月

图书在版编目（CIP）数据

德式无器械健身 / (德) 弗洛伯斯著；王瑜蔚译. —北京：北京联合出版公司，2015.6
（2016.6重印）

ISBN 978-7-5502-5127-4

Ⅰ. ①德… Ⅱ. ①弗… ②王… Ⅲ. ①健身运动—基本知识 Ⅳ. ①G883

中国版本图书馆CIP数据核字(2015)第082636号

德式无器械健身

著　　者：[德] 英格·弗洛伯斯

译　　者：王瑜蔚

选题策划：后浪出版公司

出版统筹：吴兴元

特约编辑：张　怡

责任编辑：刘　凯

封面设计：7拾3号工作室

营销推广：ONEBOOK

装帧制造：墨白空间

北京联合出版公司出版

（北京市西城区德外大街83号楼9层　100088）

北京盛通印刷股份有限公司印刷　新华书店经销

字数170千字　720毫米×1030毫米　1/16　11印张　插页2

2015年6月第1版　2016年6月第3次印刷

ISBN 978-7-5502-5127-4

定价：49. 80元

瑜伽3D解剖书I——肌肉篇

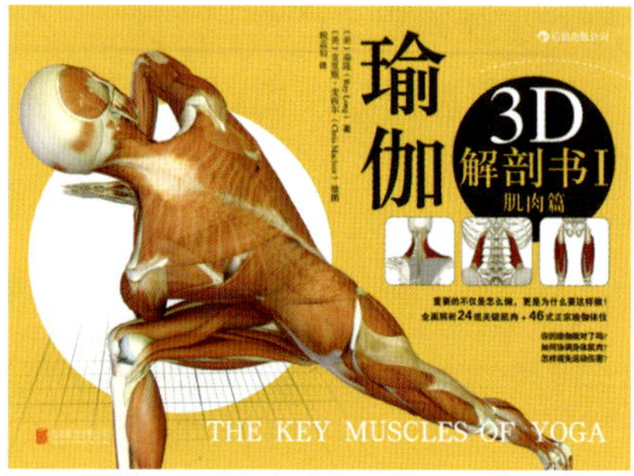

著　　者：（美）瑞隆
绘 图 者：（美）克里斯·麦西尔
译　　者：赖孟怡
书　　号：978-7-5502-3308-9
出版时间：2014.11
定　　价：68.00元

全面认识肌肉结构，巧妙避免运动伤害
精准实用的3D身体地图，X光透视般完美呈现肌肉与瑜伽动作的关系。
帮你在不拉伤肌肉的前提下，快速提升瑜伽技能！

探秘神奇的瑜伽呼吸法，唤醒沉睡的身体潜能
科学的瑜伽呼吸技巧，帮你深度开发呼吸的本能，
让你的身体由内而外，焕然一新！

聆听业界专家的科学建议，跟盲目的瑜伽练习say goodbye
习练瑜伽20年的外科医师与专业瑜伽数位插画家携手，
为你提供科学高效的瑜伽指导，让你的瑜伽练习事半功倍

瑜伽3D解剖书II——动作篇

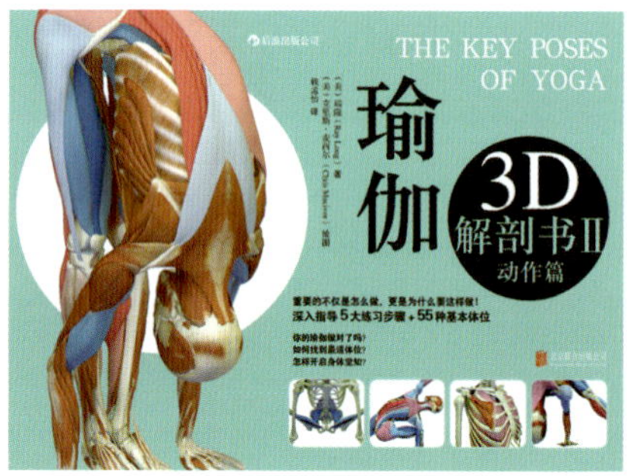

著　　者：（美）瑞隆
绘 图 者：（美）克里斯·麦西尔
译　　者：赖孟怡
书　　号：978-7-5502-3345-4
出版时间：2014.11
定　　价：68.00元

唤醒身体觉知，让大脑记住最佳体位
解构55种哈达瑜伽基本体位，深入了解各种姿势背后的功用。
帮你找到最适合自己的体位，获得唤醒身体觉知的钥匙！

聚焦动作细节，揭示肌肉伸展的原理
精准的3D透视图，帮你清楚了解动作背后的生物力学机制。
让你不断强化肌肉，高效升级瑜伽技巧！

突破瑜伽瓶颈，让身体心灵共同成长
颠覆传统瑜伽观念，实现从知识性认知到主动大脑思维的转变。
让你重新探索身体，领悟瑜伽运动的精髓！

马拉松完全指南

著　　者：（日）川越 学
译　　者：赵维真
书　　号：978-7-5502-4682-9
出版时间：2015.4
定　　价：45.00元

挑战跑完全程！刷新自己的最佳纪录！
马拉松爱好者必备的全方位马拉松教科书！

五大训练阶段，四个水平等级

◎准备期

旨在适应跑步，全面熟悉跑步的感觉，能够帮助目标为完赛的练习者顺利晋级！

◎深入训练一期

目标为跑完20千米，初学者可通过此阶段大幅度提高能力！

◎深入训练二期

目标为跑完30千米，想要跑进4小时的练习者可通过此阶段达成目标！

◎实践期

速度提升阶段，能够培养比赛的节奏感，想要跑进3小时的选手可通过此阶段刷新纪录！

◎调整期

赛前调整身体状况的时期，能够让体能达到最佳状态！

以愉快的心情持续锻炼并提高等级！

有很多人不具备正确的概念与知识就开始进行马拉松训练，结果出现因受伤和情绪低落而不得不放弃的情况。以愉快的心情持续进行马拉松的理论学习与实践训练是最重要的，练习者要注意观察自己每天的体能状态，挑选最适合的训练内容并付诸实践。要做到这点，请先充分了解书中介绍的马拉松理论与训练方法，规划出适合自己的训练计划。

——Second Wind AC总教练 川越 学

内容简介：

本书是Second Wind AC总教练川越 学毕生经验的结晶，是马拉松爱好者必备的教科书。川越学曾经指导了诸位顶尖马拉松选手取得马拉松冠军。本书介绍的就是能够以愉快的心情进行马拉松的理论与训练方法。学员重要的是对个人能力有所自觉，观察自己每天的体能状态，挑选最适合的训练内容并加以实行。无论是初入门的选手、已具备基础经验的选手，还是期望刷新纪录的选手，都能循着书中内容规划出最适合自己的训练方法，创造优异成绩！

核心基础运动

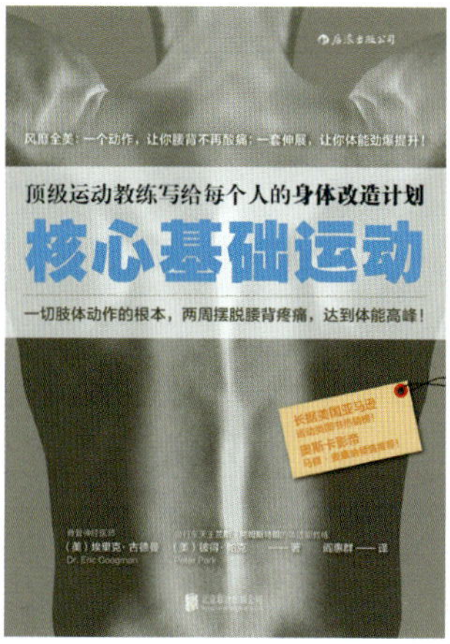

著　　者：（美）埃里克·古德曼
　　　　　（美）彼得·帕克
译　　者：阎惠群
书　　号：978-7-5502-5259-2
出版时间：2015.5
定　　价：58.00元

风靡全美：一个动作，让你腰背不再酸痛；一套伸展，让你体能劲爆提升！
一切肢体动作的根本，两周摆脱腰背疼痛，达到体能高峰！
2014年奥斯卡影帝马修·麦康纳倾情推荐！
长据美国亚马逊运动类图书热销榜！

- 只需两周、每周三天、每次15分钟、熟练5个基本招式，你就可以重新开启颈、背、臀的肌肉群，远离酸痛。
- 如果你习惯久坐不动，这套运动会帮助你远离肌肉紧绷与酸痛，保持良好体能！
- 如果你热爱户外活动，这套运动能让你驾驭各种动作，轻松完成跑步、打球、瑜伽、游泳、骑自行车……
- 如果你有椎间盘突出或坐骨神经痛、骨刺问题，这套运动可以让你不再疼痛，因为脊椎周围的肌肉强化了，自然能支撑起你的躯干。

什么是核心基础运动？

人体原本的设计是以臀部作为动作中心支点的，但现今久坐不动的生活形态却把这份工作转移到腰椎，限制了我们的动作，造成了今天有那么多人遭受背痛的困扰。核心基础运动便是要教大家用人体天生设定好的方式，也就是原始的动作模式做动作，它把锻炼的焦点放在人体真正的核心——身体后方肌肉群，所以能令身体恢复平衡状态，让你轻松维持良好姿势，提高身体灵活度，使动作充满力量，更重要的是，常保背部健康，无病无痛！

内容简介：

核心基础运动是由脊骨神经医师埃里克·古德曼和世界顶尖运动员的体适能教练彼得·帕克联手开发出的一种新的方法，不但能改善背痛，还有其他更惊人的效果。这是一个简单但独创的概念，它重新定义了身体的核心，把锻炼重点从腹部转移到背部较大的肌肉群，通过强化身体后方肌肉群，包括背部、臀部以及大腿后侧的肌肉群，由它们担负起支撑上半身的任务，并推动身体做任何动作，一口气解决了长期存在的问题。这套训练计划已在数百名学员身上展现出惊人的成果，令他们脱胎换骨，吸引诸多顶尖运动员和好莱坞演员登门求教，在本书中您也能看到他们分享成功的故事。该运动包含3套各为期两周的体能训练：舒缓急性背痛的基本招式、消除慢性背痛的进阶招式和强化身体并预防背痛复发的加强版招式，每个版本都简易上手，打造层层强健肌肉、强化臀部支撑力。